A ARTE E A CIÊNCIA DAS REUNIÕES

Steven G. Rogelberg

A arte e a ciência das reuniões
Como fazer encontros mais eficientes

TRADUÇÃO
Cássio de Arantes Leite

Copyright © 2024 by Steven Rogelberg

Grafia atualizada segundo o Acordo Ortográfico da Língua Portuguesa de 1990,
que entrou em vigor no Brasil em 2009.

Título original
Glad We Met: The Art and Science of 1:1 Meetings

Capa
Eduardo Foresti | Foresti Design

Preparação
Erika Sá

Índice remissivo
Probo Poletti

Revisão
Marina Saraiva
Jane Pessoa

Dados Internacionais de Catalogação na Publicação (CIP)
(Câmara Brasileira do Livro, SP, Brasil)

Rogelberg, Steven G.
    A arte e a ciência das reuniões : Como fazer encontros mais
eficientes / Steven G. Rogelberg ; tradução Cássio de Arantes
Leite. — 1ª ed. — Rio de Janeiro : Objetiva, 2025.

    Título original : Glad We Met : The Art and Science of 1:1
Meetings.
    ISBN 978-85-390-0859-9

    1. Comunicação empresarial 2. Comunicação interpessoal
3. Reuniões empresariais I. Título.

24-232676   CDD-658.456

Índice para catálogo sistemático:
1. Reuniões empresariais : Planejamento Administração   658.456

Cibele Maria Dias – Bibliotecária – CRB-8/9427

Todos os direitos desta edição reservados à
EDITORA SCHWARCZ S.A.
Praça Floriano, 19, sala 3001 — Cinelândia
20031-050 — Rio de Janeiro — RJ
Telefone: (21) 3993-7510
www.companhiadasletras.com.br
www.blogdacompanhia.com.br
facebook.com/editoraobjetiva
instagram.com/editora_objetiva
x.com/edobjetiva

Este livro é dedicado a duas mulheres incríveis, bondosas, carinhosas, inspiradoras, solidárias e generosas: minha mãe, Jane Rogelberg, com quem tive minha primeira reunião 1:1, e minha esposa, Sandy Rogelberg, com quem tive, de longe, a maioria das minhas reuniões 1:1.

Sumário

Introdução 9
Prefácio: Visão, abordagem e ciência 11

PARTE I: PREPARANDO O TERRENO PARA REUNIÕES INDIVIDUAIS

1. Preciso mesmo realizar reuniões individuais?..................... 19
2. Os membros da equipe ficarão apreensivos com
   a reunião individual?.. 30
3. Posso marcar reuniões apenas quando tiver algo a dizer?...... 38
4. Como agendar reuniões individuais: no mesmo dia, agrupadas
   ou espaçadas? 48
5. Que tal sair para uma caminhada? 55
6. Perguntar como estão as coisas basta?.............................. 65
7. Reuniões individuais precisam de pauta?........................... 78

Ferramentas.. 95
   Questionário para determinar suas habilidades gerais nas
   reuniões individuais 96
   Questionário para determinar a frequência das reuniões individuais 99
   Erros comuns em questões das reuniões individuais 101
   Questões especiais para reuniões individuais com trabalhadores remotos .. 102
   Modelo de pauta 104
   Modelo de pauta com complementos 106

PARTE II: FAZENDO REUNIÕES INDIVIDUAIS

8. Existe um modelo geral para conduzir reuniões individuais?............ 111
9. O que fazer para atender às necessidades pessoais
de um funcionário? 120
10. Como começar e como terminar uma reunião individual
— e o que fazer entre uma coisa e outra?..................................... 133
11. O que se espera do subordinado em uma reunião individual? 145

Ferramentas.. 159
   Checklist dos preparativos para facilitar a reunião individual 160
   Questionário verdadeiro/falso de habilidades para lidar com emoções
   negativas durante as reuniões individuais 162

PARTE III: DEPOIS DA REUNIÃO

12. A reunião acabou, e agora? 167
13. A reunião funcionou?.. 175

Ferramentas 181
   Checklist para dar feedback e determinar responsabilidades
   de forma eficaz 182
   Checklist para receber feedback e implementar mudanças de
   forma eficaz 184

PARTE IV: TÓPICOS ESPECIAIS

14. Quer dizer que existem reuniões individuais indiretas? 189
15. O que fazer quando ficamos atolados em reuniões?........................ 202
16. Considerações finais: Tudo tem a ver com valores 213

Ferramentas 217
   Checklist de boas práticas para reuniões individuais indiretas 218
   Criando um sistema de reuniões individuais para toda a organização —
   sugestão de processo 220

Agradecimentos 223
Notas 225
Índice remissivo 231

Introdução

*Marshall Goldsmith**

Atuando no coaching executivo por mais de quarenta anos, minha missão sempre foi trabalhar junto a líderes na criação de uma mudança positiva e duradoura para eles, suas equipes e suas organizações. No centro de uma liderança eficaz reside a confiança e a comunicação que os executivos estabelecem com seus times. Embora essa confiança seja construída a partir de comportamentos e ações importantes, uma prática pela qual todos meus clientes passam é o processo chamado feedforward.

Desde o início de minha carreira, ficou claro que os líderes e seus subordinados precisavam desesperadamente de um feedback consistente e oportuno sobre seu progresso e desempenho. Mas fazer os líderes conduzirem essas sessões com seus funcionários era uma verdadeira prova de fogo. Para muitos deles, dar feedback equivalia a remoer o passado, comentar falhas e travar conversas difíceis e de abordagem desafiadora. Como resultado, seus subordinados nunca recebiam qualquer follow-up significativo, algo que se refletia em seu desempenho. As reuniões individuais eram temidas e sinalizavam a discussão de assuntos críticos e emoções negativas.

---

* Coach executivo número um do Thinkers50 e autor best-seller do *New York Times* com os livros *A vida merecida*, *Gatilhos do sucesso* e *What Got You Here Won't Get You There* [O que te trouxe aqui não te levará adiante].

O feedforward elimina o medo e o desconforto do feedback ao focar ideias e sugestões para o futuro. É necessário que o líder tenha reuniões individuais consistentes com os membros de sua equipe, tanto para acompanhar o desenvolvimento de seu trabalho como para planejar futuras mudanças. Nesse processo, é fundamental que o líder também solicite sugestões para sua própria liderança e convide os subordinados a pensar sobre como eles próprios podem implementar comportamentos de liderança melhores. Esse aspecto de dar e receber orientação para o futuro abriu as portas para o crescimento da humildade e da comunicação de uma forma que eu nunca vira antes.

Um dos resultados surpreendentes do feedforward foi elaborar reuniões individuais com pelo menos um item da pauta voltado ao desenvolvimento pessoal e profissional dos funcionários. Isso proporcionou o escopo que os líderes e seus comandados precisavam para levantar outros questionamentos e preocupações e ficar à vontade em colaborar numa variedade de tópicos bem maior do que antes. Entre os meus clientes, tais momentos se tornaram o ponto alto da semana. Os chefes se sentiram mais conectados individualmente a cada subordinado e notaram ganhos no engajamento e na evolução de toda a equipe. Essa pequena mudança fez das reuniões individuais o pilar de sua liderança, mudando radicalmente a cultura da empresa e a produtividade como um todo.

Destravando todo o potencial e os benefícios para reuniões individuais bem-sucedidas, o livro mais recente de Steven nos permite criar esse espaço em nossas equipes com o objetivo de gerar conexão e crescimento de forma significativa. Ao responder se realmente precisamos fazer reuniões individuais, o que elas devem abranger e como devemos conduzi-las, *A arte e a ciência das reuniões* fornece as ferramentas essenciais para realizar reuniões melhores hoje mesmo. As vantagens de aprimorar esse tipo de reunião vão muito além de maior produtividade para as práticas, a comunicação e o engajamento da equipe.

O conhecimento especializado de Steven em treinar e ajudar líderes a construir confiança e comunicação positiva nos últimos vinte anos é algo inestimável para este livro. Sua extensa pesquisa sobre o tema oferece percepções críticas e uma abordagem baseada em evidências. Repleto de práticas eficazes e exemplos reais para auxiliar no aprendizado, o material pode ser aplicado a vários formatos de reuniões com diferentes tipos de pessoas, indo até mesmo além de gerentes e subordinados.

Comece a investir em sua equipe e a cultivar uma cultura de positividade e confiança com este livro!

Prefácio
Visão, abordagem e ciência

Há um buraco do tamanho do Grand Canyon
quando se trata de reuniões individuais.
David Rodriguez, presidente do conselho e ex-diretor-
-executivo de recursos humanos do Marriott International

Como psicólogo organizacional, sou fascinado por pesquisar fenômenos de trabalho pouco estudados, onipresentes, mal executados, mas altamente importantes para a evolução e o sucesso dos indivíduos e das equipes. Isso me leva inevitavelmente à questão das reuniões individuais (também conhecidas como *one-on-one* ou 1:1), uma vez que elas preenchem todos esses requisitos. Minha missão é coletar e apresentar evidências de modo que o extraordinário potencial das reuniões individuais possa ser percebido de forma plena tanto pelos líderes como pelos funcionários de suas equipes.

Reuniões individuais são extremamente comuns. Há pouco tempo, Elise Keith, CEO da Lucid Meetings, fez uma análise cuidadosa das reuniões realizadas nos Estados Unidos usando dados de vários estudos científicos, levantamentos corporativos e estimativas de empresas. Ela concluiu que, só nos Estados Unidos, a estimativa é de que 62 milhões a 80 milhões de reuniões sejam realizadas por dia.[1]

Agora vamos expandir isso para o resto do mundo. Os Estados Unidos representam pouco mais de 4% da população mundial. Curiosamente, no único estudo transcultural que consegui encontrar, nenhuma diferença significativa foi identificada na atividade de reuniões de um país para outro.[2] Posto isso, poderíamos argumentar que, para obter um número aproximado da quantidade de reuniões que ocorrem diariamente no planeta, precisamos multiplicar a estimativa americana por 25. Usando a menor estimativa de Elise, de 62 milhões de reuniões nos Estados Unidos, e multiplicando por 25, obtemos 1,55 bilhão de reuniões sendo realizadas no mundo todos os dias. Se quisermos ser mais conservadores, arredondemos essa quantidade para baixo e deixemos em 1 bilhão. É muita reunião! Vejamos agora em termos de reuniões individuais.

Com base em minha pesquisa e em outras que reuni, entre 20% e 50% de todas essas reuniões são individuais[3] — isso equivale a algo entre 200 milhões e 500 milhões de reuniões individuais diárias ao redor do mundo. Podemos atribuir um custo a todas essas reuniões. Para isso, utilizaremos os seguintes parâmetros: uma estimativa conservadora de salários (9,37 dólares por hora, com base em uma análise da BBC sobre os salários médios globais),[4] o tempo médio de cada reunião individual (vinte minutos, algo que segundo minha experiência também é conservador) multiplicado por dois participantes, e a estimativa mais baixa de 200 milhões de reuniões diárias. Calculando esses fatores, o investimento em reuniões individuais é de 1,25 bilhão de dólares por dia. Permita-me enfatizar: isso é *por dia*!

Agora, o aspecto realmente preocupante: minha pesquisa inicial revela que quase metade das reuniões individuais é considerada aquém do ideal pelos membros da equipe. Quase metade. Para agravar o problema, a autoavaliação dos líderes sobre suas habilidades em conduzir essas reuniões individuais parece inflada, sugerindo que eles acreditam fazer um melhor trabalho do que de fato fazem na realização de reuniões individuais. Assim, existe uma incrível oportunidade de preencher essa lacuna nas habilidades de liderança e maximizar o retorno do investimento para essa atividade crucial no ambiente de trabalho. O problema é que, embora a agenda dos líderes seja lotada de reuniões individuais, uma orientação significativa sobre como conduzi-las é bastante escassa. Para piorar as coisas, a orientação existente quase nunca se baseia em evidências sólidas e científicas. Em vez disso, os gestores têm de recorrer às seguintes opções: (a) o que lhes parece correto; (b) as repetidas práticas vivenciadas com os próprios líderes atuais e antigos; e (c) as suposições. O objetivo deste livro é corrigir tal omissão.

Além de ser baseado em evidências, esta obra ajudará os leitores a se valerem de uma abordagem científica para se situar no delicado equilíbrio necessário a uma reunião individual. No gráfico a seguir, ilustro os focos desse equilíbrio. Por exemplo, uma reunião individual necessita de estrutura, mas também de flexibilidade; deve lidar com questões de curto prazo, mas também se voltar a assuntos de longo prazo; precisa apresentar soluções para os problemas, mas também contribuir para os relacionamentos; tem de ser feita sob medida para atender às necessidades do indivíduo, mas, ao mesmo tempo, certa consistência é necessária para toda a equipe. Este livro fornecerá orientações sobre como equilibrar os pratos dessa balança.

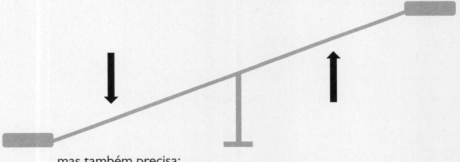

Você precisa...
- Focar no trabalho
- Estruturar o processo
- Adotar uma orientação de curto prazo
- Promover resultados e responsabilidades
- Solucionar problemas
- Personalizar as reuniões individuais

... mas também precisa:
- Focar na pessoa
- Manter a flexibilidade do processo
- Adotar uma orientação de longo prazo
- Apoiar e construir relacionamentos
- Promover o crescimento e o desenvolvimento
- Manter a consistência das reuniões individuais

A CIÊNCIA DAS REUNIÕES

Ciência... sobre reuniões? Sim, há de fato uma ciência envolvida em compreender e aprimorar as reuniões. Essa área constitui uma paixão minha de muitos anos, envolvendo dezenas de colaboradores no mundo todo e examinando mais reuniões do que conseguiria fazer mesmo que vivesse cem vidas. Estudei uma variedade de tópicos relacionados ao assunto, como reuniões bem-sucedidas, fadiga de reuniões, características da liderança excelente em reuniões, atrasos em reuniões, como agendar reuniões de forma eficaz, os principais métodos para planejar uma reunião, intervenções para promover a criatividade e muito mais. Ao longo dos últimos anos, meu foco se voltou às reuniões individuais. Examinei e entrevistei milhares de integrantes de equipes e seus líderes acerca delas.

Por exemplo, um estudo longitudinal foi conduzido com trabalhadores da área de tecnologia, bem como suas atitudes em relação à gerência, monitorando suas reuniões individuais ao longo de 25 semanas. Em outro caso, pesquisei mais de 4 mil profissionais do conhecimento (como programadores, engenheiros e arquitetos) em quatro países sobre suas preferências de reunião individual e os mecanismos propostos para melhorá-las. Em outro, coletei dados para aprender mais sobre as práticas executivas e organizacionais envolvidas numa reunião individual. Nessa investigação, entrevistei mais de cinquenta executivos de grandes empresas como Facebook, Volvo, PepsiCo, Deloitte, Warner Brothers, Bristol Myers Squibb, Boston Beer, Duke Energy, Marriott, Dell, Google e Bank of America. Um quarto exemplo vem da tese do meu excelente aluno de doutorado, Jack Flinchum, que examinou o comportamento dos líderes em reuniões individuais e a ligação entre a necessidade de realização pessoal relatada pelo subordinado e seu consequente engajamento. Além desses e de outros estudos sobre reuniões individuais que conduzi, incluo aqui a pesquisa sobre liderança, colaboração, coaching, mentoria, feedback e comunicação aplicáveis a reuniões individuais. Com isso, tenho esperança de que este livro forneça a ciência e as orientações mais atualizadas sobre como compreender e conduzir reuniões individuais com eficácia.

ESTRUTURA DO LIVRO

Este livro explora em profundidade o formato e o objetivo das reuniões individuais, destacando desafios, pontos problemáticos, oportunidades e possibilidades de customização. Para enfatizar as etapas práticas das reuniões individuais, cada capítulo é formulado como uma pergunta a ser respondida com dados científicos, experiências reais e melhores práticas. O livro se encerra com tópicos especiais, como reuniões individuais indiretas (*skip-level*, uma reunião com o gerente do gerente ou o subordinado do subordinado) e como podemos lidar com o desafio do excesso de reuniões (algo que os pesquisadores da área chamam de "quantidade de reuniões"). Também apresento ferramentas para ajudar você a ter sucesso em suas reuniões individuais, incluindo modelos de pauta, checklists, avaliações para testar até que ponto suas habilidades são adequadas, considerações especiais para trabalhadores remotos e muito mais.

O tom empregado no livro é a voz que utilizo em minhas palestras ou oficinas. É como uma conversa, um pouco sarcástica e engraçadinha às vezes, mas embasada na ciência. Espero que possa ser encarado como um TED Talk envolvente. Além do mais, ao longo do livro — com exceção do capítulo 11 — faço referência a gestores de todos os níveis (uso os termos "líder", "gerente" e "chefe" indiscriminadamente). Assim, quando me dirijo a quem lê, trata-se quase sempre de uma ideia ampla para representar a pessoa que organiza, convoca e conduz a reunião individual — em geral, um líder. Ao mesmo tempo, este livro não se destina apenas a quem gerencia outros funcionários. Subalternos (também uso os termos "integrante da equipe", "subordinado" e "funcionário" no livro todo) se beneficiarão do que apresento à medida que lhes possibilitará extrair maior proveito das reuniões individuais de que participam e se tornarão mais aptos quando precisarem liderar uma reunião individual. Embora eu dê destaque ao tipo de reunião individual que considero mais crítico — entre um líder e seu subordinado —, a maioria do conteúdo discutido também será relevante para outros tipos, como conversas entre pessoas do mesmo nível ou entre um funcionário e um cliente. Os insights podem ser aplicados até para melhorar um tête-à-tête informal entre familiares ou amigos.

Antes de iniciar nossa jornada, quero começar comentando sobre as ciências sociais e organizacionais de forma ampla. Estudar o comportamento humano, o comportamento de equipe e o modo como duas pessoas interagem é algo inerentemente complexo. Embora padrões, percepções e descobertas venham à tona com o tempo, não representam uma verdade absoluta. Mesmo com a pesquisa mais rigorosa, sempre há coisas novas a aprender, outras variáveis a examinar, novos cenários a explorar, diferentes povos e culturas a investigar e mais uma série de elementos. Logo, a ciência nos fornece uma verdade limitada (isto é, o que acreditamos saber no momento), preparando o terreno para futuras explorações e descobertas. Agir de acordo com a ciência tende a produzir os melhores resultados para nós e nossos subordinados. Entretanto, tendo em vista o caráter progressivo da ciência, outros caminhos, se bem executados, ainda têm potencial de funcionar para algumas pessoas, em determinadas situações. Por exemplo, reuniões individuais mensais estão associadas a resultados de engajamento mais fracos quando comparadas a reuniões semanais ou quinzenais. Sabendo disso, eu defenderia reuniões individuais mensais com base na ciência? Provavelmente não. Mas será que tal frequência poderia funcionar em algumas circunstâncias, dependendo do tamanho da equipe, do relacionamento com o líder, do nível hierárquico na organização e do tempo de convivência profissional? Possivelmente. Ao longo do livro, tento enfatizar práticas baseadas nas evidências, mas isso não significa que não possamos tomar um rumo diferente, caso necessário. Este livro respeita a escolha individual e o tratamento personalizado. Mas melhor pecar por excesso e agir em conformidade com os dados do que o contrário: isso trará resultados melhores, uma vez que aumenta nossas chances de sucesso.

Parte I

Preparando o terreno para reuniões individuais

Nesta seção, vou discutir: (1) a finalidade das reuniões individuais; (2) a comunicação envolvida; (3) a frequência necessária; (4) o agendamento e a escolha de local desse tipo de reunião; (5) as questões que compõem uma reunião individual; e (6) como pode ser a pauta dessas reuniões. Esses tópicos foram pensados para nos direcionar. São os passos críticos fundamentais a serem compreendidos antes de efetivamente realizarmos uma reunião individual, o que você verá na segunda seção do livro.

Toda reunião 1:1 é uma oportunidade para investir no desenvolvimento da pessoa e ajudá-la incondicionalmente. Os efeitos combinados desses investimentos, conversa após conversa, podem aprimorar o sucesso individual e promover uma cultura organizacional saudável, produtiva e resiliente.
Executivo do Centro de Liderança Criativa

A efetividade da organização e dos indivíduos depende da confiança que se aprofunda a cada reunião individual conduzida com intencionalidade, foco, zelo, autenticidade e vulnerabilidade. Uma conexão fortalecida e genuína, por sua vez, promove a motivação e o sucesso coletivos.
Almirante da Marinha dos Estados Unidos

1. Preciso mesmo realizar reuniões individuais?

A resposta a essa pergunta é sim, claro. Imagine um autor que escreve um livro sobre reuniões individuais e depois afirma que a resposta é não. Seria um livro muito curto. Deixe-me refazer a pergunta para torná-la menos simples e mais detalhada.

QUESTÕES	SIM OU NÃO
Se faço reuniões regulares com a equipe, preciso realizar reuniões individuais?	
Se eu e minha equipe desfrutamos de muitos momentos de socialização, preciso realizá-las?	
Se mantenho a porta sempre aberta e enfatizo minha atitude receptiva, preciso realizar reuniões individuais?	
Se nunca deixo de responder a e-mails, preciso realizar esse tipo de reunião?	
Se minha equipe tem um desempenho excelente e meus índices de engajamento são altos, preciso realizar reuniões individuais?	
Se trabalho com minha equipe há muito tempo, preciso realizá-las?	
Se os integrantes da minha equipe não estão pedindo por elas, preciso realizar reuniões individuais?	

As respostas continuam sendo sim, *yes*, *oui*, *sí*, *ja*, *da* e *hai* — ou seja, um bocado de sins! Há algo especial e único em relação às reuniões individuais que vai além das reuniões de equipe, da atitude de manter a porta sempre aberta e das interações sociais. Embora isso pareça exagero, não é.

REUNIÕES INDIVIDUAIS SÃO UMA RESPONSABILIDADE ESSENCIAL DE LIDERANÇAS

Os melhores líderes percebem que as reuniões individuais não são um complemento do trabalho — são *o próprio* trabalho. Assim que o líder reconhece isso, o potencial dessas reuniões para transformar seu pessoal e sua equipe pode começar a ser concretizado. Talvez só de pensar em realizar mais reuniões você já sinta um embrulho no estômago. Por ser alguém que de modo geral detesta reuniões (quando malconduzidas), compreendo. Mas tenha em mente que reuniões individuais bem executadas acabarão servindo para *economizar* seu tempo ao gerar melhor alinhamento em sua equipe, melhor desempenho de seus subordinados e menos interrupções espontâneas em seu dia de trabalho, uma vez que as dúvidas ficam reservadas à reunião individual agendada. Além disso, reuniões individuais promovem engajamento dos funcionários, em última análise reduzindo a rotatividade. Pense em quanto tempo e recursos são gastos para encontrar e integrar novos funcionários. Grande parte disso pode ser evitada por meio de reuniões individuais conduzidas efetivamente. Posto isso, essas reuniões representam mais compromissos em sua agenda, mas são justificadas e no longo prazo podem aumentar a eficiência.

O QUE É UMA REUNIÃO INDIVIDUAL?

Uma reunião individual é o encontro regular e recorrente entre um gerente e seus subordinados para discutir temas como bem-estar, motivação, produtividade, obstáculos, prioridades, clareza de papéis e atribuições, alinhamento com outras atividades no ambiente de trabalho, objetivos, coordenação com outros e com a equipe, desenvolvimento profissional e planos de carreira. Tais reuniões são planejadas para fortalecer o relacionamento entre o líder e seus subordinados, cultivando uma comunicação efetiva, honesta e solidária. Em última análise, as reuniões individuais servem para atender a necessidades práticas dos funcionários, mas voltam-se também a suas necessidades pessoais.[1] As necessidades práticas se referem ao apoio que os subordinados precisam para conduzir, priorizar e executar efetivamente seu trabalho tanto no presente como no futuro. Já as pessoais envolvem a necessidade inerente dos subordinados de serem tratados com consideração, respeito, confiança, apoio e valorização dos superiores. Lidar com as necessidades pessoais e práticas em uma reunião individual não é fácil. Consulte o questionário de avaliação de habilidades gerais em reuniões individuais na seção "Ferramentas" ao fim desta parte do livro para ter uma ideia de seu ponto de partida ideal.

> *Os gerentes definem a reunião individual de formas distintas. Por exemplo, um deles me disse que esse tipo de reunião dependia totalmente do subordinado. A pessoa lhe trazia os tópicos que queria discutir e ambos podiam repassá-los juntos. Outro defendeu que utilizava as reuniões individuais para a tomada de decisões. Ele pedia aos subordinados para chegarem à reunião com uma lista das decisões que precisavam ser discutidas. Um gerente usava o período passado em reuniões individuais para oferecer coaching aos funcionários. Outro afirmou que não costuma fazer isso, e sim focar em problemas mais táticos. Todas essas abordagens de reuniões individuais são viáveis. Embora eu normalmente defenda um uso abrangente delas, e que combine todas essas perspectivas no decorrer do tempo (não em uma única reunião), não existe abordagem universal para reuniões individuais. O sucesso e a contribuição real podem ser obtidos de uma série de maneiras diferentes quando as reuniões são executadas e alinhadas à ciência.*

Em termos gerais, embora o processo seja conduzido de modo a criar um espaço na agenda dedicado para um engajamento efetivo com a equipe, em grande parte, a reunião diz respeito ao subordinado. Certamente influenciamos a discussão e a logística, mas a reunião deve ser dominada por tópicos de importância para as necessidades, preocupações e expectativas dos integrantes da equipe. Isso é crucial nas reuniões individuais — elas são em geral reuniões para o funcionário, conduzidas e apoiadas pelo líder. Uma questão-chave que escuto com frequência é se a avaliação formal de desempenho constitui uma reunião individual. Embora esse tipo de avaliação seja conduzido em um formato 1:1, trata-se de uma reunião de outra natureza.

COMO AS REUNIÕES INDIVIDUAIS SE ENCAIXAM NO PROCESSO DE AVALIAÇÃO DE DESEMPENHO?

As reuniões individuais servem para aprimorar e complementar um sistema formal de avaliação de desempenho na organização. Na verdade, elas podem ser o motor para fazer esse sistema consumar seu pleno potencial nas empresas. Para compreender melhor essa ideia, voltemos um pouco para destacar, primeiro, por que as avaliações formais de desempenho são necessárias.

Um sistema formal de avaliação de desempenho, quando realizado de forma eficaz, pode documentar com precisão como os funcionários estão atuando. Isso conduz à melhoria da performance ao mesmo tempo que reforça comportamentos desejados por meio do reconhecimento de um bom desempenho. Além do mais, avaliações formais podem ser utilizadas para tomar decisões melhores e mais bem informadas sobre remuneração, promoções e desligamento de funcionários com desempenho ruim (quando justificado). No conjunto, essas avaliações formais nos dão uma ideia dos talentos disponíveis no time, quais subordinados têm maior potencial e quais são seus pontos fortes ou fracos, além de ajudar a entender se dispomos do talento necessário para um planejamento bem-sucedido. Essas avaliações também ajudam a determinar as necessidades de treinamento para a equipe (por exemplo, fragilidades comuns a serem trabalhadas) e servem de critério para avaliar práticas organizacionais como a introdução de um novo sistema de seleção ou treinamento (por exemplo, se a chegada de determinado indivíduo levou a melhorias no desempenho geral de sua equipe).

Embora, considerando esses benefícios, a realização dessas avaliações formais de desempenho seja bastante promissora, muitos funcionários — tanto gerentes como subordinados — reclamam delas. Eles costumam achar que são injustas, desequilibradas e mais influenciadas por comportamentos recentes do que por comportamentos constantes ao longo do tempo. Podem achar também que não são oportunas (por exemplo, a avaliação talvez se refira a algo que aconteceu há seis meses), além de ficarem ansiosos e estressados se perguntando o que acontecerá, ou o que poderão aprender, durante a reunião de avaliação formal. Os gerentes, muitas vezes, também temem as reuniões e se preocupam com como seu pessoal reagirá ao feedback fornecido, bem como se o esforço realmente agrega valor. Para completar, a realização de uma análise cuidadosa e o preenchimento da documentação necessária são tarefas que exigem tempo para os gerentes, em especial porque podem não se lembrar de tudo que ocorreu durante o período de avaliação de seus diversos subordinados.

É por isso que as reuniões individuais podem ajudar. Elas têm potencial de eliminar a ansiedade do processo de análise formal uma vez que as questões de desempenho e capacidade sejam sinalizadas com antecedência. Ademais, as anotações feitas nas reuniões individuais servem como um arquivo incrivelmente útil para a avaliação formal. Elas não apenas facilitam os preparativos para a análise, como também aumentam a precisão da avaliação e a percepção de imparcialidade quanto ao subordinado, uma vez que o registro ajuda a atenuar a possibilidade de que a análise seja dominada por fatos recentes. Somado a isso, a realização de reuniões individuais regulares aumenta a tendência de que os funcionários evoluam com o tempo e recebam instrução necessária — eles podem motivar e aprimorar o desempenho entre uma avaliação formal e outra. Usar as reuniões individuais dessa forma deve, portanto, tornar as avaliações formais menos estressantes, mais valiosas e até mais agradáveis para todas as partes envolvidas.

Como vimos nesses exemplos, as reuniões individuais complementam o processo formal de avaliação de desempenho. Elas se tornam o mecanismo de mudança, documentação e suporte em tempo real. Além disso, como ajudam a construir confiança e fortalecer os relacionamentos entre gerentes e subordinados, as avaliações formais tendem a ser recebidas com mente mais aberta e maior reconhecimento de seu valor.

POR QUE AS REUNIÕES INDIVIDUAIS SÃO FUNDAMENTAIS?

Nunca é demais enfatizar que, embora reuniões individuais bem-sucedidas e regulares contribuam para o progresso do trabalho a curto prazo, também promovem resultados críticos que se estendem além das tarefas no dia a dia.

Por exemplo, as reuniões individuais promovem o crescimento e a evolução dos subordinados, geram confiança, lançam as bases para o relacionamento profissional e, mais ainda, influenciam fundamentalmente como os integrantes da equipe se relacionam com o gerente, o trabalho que fazem e a organização. Não é nenhum exagero (bom, talvez seja *um pouco*) afirmar que reuniões individuais — quando bem conduzidas — têm potencial para alterar de maneira dramática a vivência no trabalho e o plano de carreira dos subordinados. E embora certamente possamos encontrar quem não veja as reuniões individuais dessa maneira, imagino que tal ponto de vista resulte de experiências ruins que tiveram. Na verdade, a pesquisa evidencia que as reuniões individuais talvez sejam as atividades mais importantes que podemos realizar enquanto líderes — aquelas agendadas com regularidade e conduzidas com sucesso são essenciais para os sete resultados inter-relacionados mostrados na figura a seguir:

Engajamento do funcionário. A ligação entre reuniões individuais e o envolvimento dos funcionários foi identificada em uma série de contextos e estudos. O Instituto Gallup, por exemplo, examinou os níveis de engajamento de 2,5 milhões de equipes no mundo todo.[2] Os pesquisadores descobriram que, "em média, apenas 15% dos subordinados de um gestor que não se reúne regularmente com eles são engajados; gerentes que se reúnem regularmente com seus funcionários quase triplicaram esse índice". De forma similar, em um estudo publicado na *Harvard Business Review*, "funcionários que tiveram pouco ou nenhum tempo individual com seu líder mostraram maior tendência à falta de envolvimento, enquanto funcionários que tiveram o dobro de reuniões individuais com sua liderança mostraram probabilidade 67% menor de falta de engajamento".[3] Curiosamente, a pesquisa *não* encontrou um efeito platô para reuniões individuais, o que ocorreria se a maioria delas resultasse em algum tipo de nivelamento ou queda de engajamento do subordinado. Na verdade, o resultado mostrou justo o contrário. Minha pesquisa sugere de modo geral que há uma relação linear positiva, de tal forma que, à medida que o número de reuniões individuais aumenta, o engajamento dos funcionários e as percepções positivas sobre o gerente também crescem.

Sucesso de cada integrante da equipe. As reuniões individuais são essenciais para promover a produtividade e o sucesso dos funcionários. Primeiro, estabelecem a periodicidade de comunicação necessária para verificar o progresso, gerar alinhamento e assegurar que o integrante da equipe foque nos projetos mais importantes. Essas reuniões permitem aos gestores e aos seus funcionários que discutam obstáculos e dificuldades, engajem-se em tempo real no processo decisório, aumentem a coordenação e tenham suporte e recursos quando necessário. O sucesso também é promovido pelo feedback contínuo, atribuição de responsabilidades, apoio e coaching. Todos esses fatores promovem o sucesso dos integrantes da equipe. Na verdade, a pesquisa revela que as habilidades de coaching de um gestor estão positivamente relacionadas ao desempenho do subordinado tal como avaliado por meio das metas de vendas anuais.[4]

Sucesso do gestor. As reuniões individuais aumentam o grau de sucesso de três modos. Primeiro, o investimento de tempo e energia em reuniões individuais regulares diminui a necessidade de responder a perguntas específicas, uma vez que os integrantes da equipe podem guardá-las para o momento da reunião individual. Isso limita as interrupções, aumentando sua capacidade de encontrar intervalos de tempo mais longos para se concentrar em seu trabalho. Segundo, a reunião individual serve como um mecanismo-chave para o líder adquirir a informação necessária, obter feedback e se comunicar com os integrantes da equipe, e isso o capacita ainda mais a progredir e motivá-la. Finalmente, o último modo pelo qual as reuniões individuais promovem o sucesso do gestor está sintetizado nas palavras de Adam Grant: "Quanto mais alto chegamos, mais nosso sucesso depende de contribuir para o êxito de outras pessoas. Os líderes são julgados pelas conquistas de seus comandados".[5] As reuniões individuais claramente têm a ver com ajudar outros a serem mais bem-sucedidos. Isso, por sua vez, estende-se ao sucesso da equipe — que é um reflexo de seu sucesso como líder. Por exemplo, um estudo sobre as reuniões individuais entrevistou 1183 gestores e 838 subordinados. Os dados são notáveis, com 89% dos líderes afirmando que elas afetaram positivamente o desempenho de sua equipe e 73% dos subordinados indicando o mesmo.[6]

Construção de relacionamentos. Conhecer os integrantes de sua equipe e interagir com eles regularmente é a base para construir boas relações com seus funcionários. As reuniões individuais ensejam isso ao proporcionar um espaço para o fortalecimento das conexões, de modo que uns aprendam sobre os outros e promovam a confiança. Elas fazem da construção de relacionamentos uma atividade deliberada — que sinaliza para seus subordinados que eles são tão importantes a seus olhos que você está disposto a marcar uma reunião centrada neles e em suas necessidades. Ao mesmo tempo, se há problemas ou tensão, as reuniões individuais regulares permitem ao líder e seus subordinados que aparem as arestas e mantenham o relacionamento em bons termos.

Diversidade e inclusão. Toda reunião individual é uma oportunidade para promovermos — e escutarmos de verdade — a voz dos integrantes de nossa equipe. Se conduzida com sucesso, proporciona aos subordinados a oportunidade de serem vistos, estabelecerem conexões e receberem apoio. As reuniões individuais asseguram que os integrantes da equipe não constituam apenas um grupo pasteurizado na cabeça ou nas atitudes do gerente. Essas reuniões, na verdade, permitem que experiências singulares no trabalho sejam mais bem compreendidas e levadas em consideração na hora de tomar decisões e solucionar problemas. À medida que os desafios ou as dificuldades de cada integrante da equipe são abordados de forma genuína e colaborativa, a capacidade dos subordinados de progredir e ser bem-sucedidos aumenta — e, com essa conquista, o sucesso de seus esforços de diversidade e inclusão têm mais chance de ser alcançados. Diante dessas ideias, as reuniões individuais são uma oportunidade para cumprirmos nosso papel de liderança na linha de frente e criar uma organização inclusiva.

Promoção de crescimento e desenvolvimento do funcionário. Toda reunião individual é uma oportunidade para ajudar os integrantes da equipe a crescer e se desenvolver mediante feedback honesto e praticável, coaching, mentoria e conversas sobre a carreira. Enaltecer aqueles que trabalham para você é fundamental para ser um líder efetivo. Uma citação de Jack Welch resume muito bem essa ideia: "Antes de você se tornar um gerente, o sucesso tem a ver com seu próprio crescimento. Quando você se torna um gerente, o sucesso tem a ver acima de tudo com o crescimento dos outros". Toda reunião individual é um investimento no presente e no futuro dos integrantes de sua equipe. Ao mesmo tempo, esses investimentos entre os gerentes servem para elevar sua reserva de talentos, proporcionando à organização um quadro profissional mais forte e uma maior capacidade de promoção interna.

Satisfação com a vida. As pesquisas sobre satisfação demonstram de forma consistente a importância de ajudar os outros.[7] Fazer isso contribui para o bem-estar geral e a autoimagem, e leva até a uma melhora geral da saúde.[8] Um provérbio chinês capta isso bem: "Se você quer felicidade por uma hora, tire um cochilo. Se quer felicidade por um dia, vá pescar. Se quer felicidade por um ano, herde uma fortuna. Se quer felicidade para a vida inteira, ajude alguém". O trabalho de Adam Grant também evidencia que os líderes mais eficazes são aqueles que preferem *dar* em vez de *receber*. As reuniões individuais são a oportunidade perfeita para ajudar os outros e se doar e, por meio das duas coisas, vivenciar as grandes recompensas intrínsecas de fazer a diferença na vida das demais pessoas. Quando realizamos reuniões individuais efetivas, a vida de todos é enaltecida — incluindo a nossa.

É comum assumir que reuniões individuais não são para aqueles que executam serviço braçal ou recorrem a habilidades físicas para realizar suas tarefas — como alguns trabalhadores da construção civil, mecânicos, zeladores, motoristas, enfermeiros ou operadores de máquinas, por exemplo. Não entendo muito bem por que alguém pensaria assim. O desejo de prosperar, superar obstáculos, desenvolver relações significativas e sentir-se visto e ouvido não é exclusivo de nenhum ofício ou profissão específicos. É parte da condição humana. Com isso em mente, meu conselho é tentar fazer reuniões individuais independentemente do tipo de trabalho e calcular o valor que proporcionam a curto e longo prazo. É perfeitamente possível que as reuniões individuais sejam boas para qualquer um, mas com frequência e conteúdo diferentes, de acordo com a natureza do trabalho e com o papel do funcionário em questão.

Quero concluir este capítulo invertendo todo esse raciocínio. Pense no recado que estaríamos transmitindo a nossos subordinados se abríssemos mão das reuniões individuais. Como seres humanos, observamos as ações dos demais (ou a falta delas) e lhes atribuímos um significado. Infelizmente, quando tentamos extrair um sentido do que vemos ou deixamos de ver, a pesquisa demonstra que estamos sujeitos a um viés de distorção conhecido como erro fundamental de atribuição. Eis um exemplo desse viés em ação: um colega passa por nós no corredor e evita fazer contato visual, ou não nos cumprimenta. Uma pesquisa revela que, na maioria das vezes, as pessoas explicariam esse comportamento como um problema de disposição, presumindo que a pessoa seja rude, autocentrada ou simplesmente esteja distraída. Essas atribuições de humor tendem a prevalecer sobre explicações circunstanciais mais sutis, como supor que o colega estava com a cabeça longe por causa de um prazo apertado ou uma notícia ruim. Passando ao contexto das reuniões individuais, que disposição os outros atribuirão a você se não estiver realizando reuniões individuais, e os outros chefes, sim? Ou se as estiver realizando apenas com determinados subordinados porque o trabalho deles é diferente e você decidiu que precisam de mais reuniões individuais do que os demais funcionários? É provável que, mesmo que você tenha as melhores intenções, passará a impressão de que não se importa de fato com todos os seus subordinados e com o sucesso deles — ou seja, que acredita que não vale a pena investir seu tempo neles.

PONTOS PRINCIPAIS

- **Sim, você precisa fazer reuniões individuais com seus subordinados.** As reuniões individuais são um momento regular e recorrente para você, enquanto gestor, se reunir com seus subordinados e discutir uma variedade de tópicos. Elas vão além das reuniões regulares com a equipe, nas quais é mantida uma política de portas abertas ou interações informais. Em vez disso, as reuniões individuais são um tempo deliberado e dedicado para você dar suporte a seus subordinados.
- **As reuniões individuais são a liderança em ação.** Elas não são um complemento ao trabalho do gerente, mas sim o *próprio* trabalho do gerente. Tais reuniões ajudam a assegurar que seus subordinados estejam na melhor posição para ter sucesso e que você crie uma relação de trabalho saudável com cada integrante da equipe.
- **Reuniões individuais não são avaliações de desempenho.** Na verdade, as reuniões individuais devem ser usadas para fundamentar o processo de avaliação de desempenho. Manter conversas contínuas e anotações pode ajudar a deixar você e os seus funcionários alinhados. Com isso, as reuniões individuais podem tornar as avaliações de desempenho menos estressantes e mais justas, mais efetivas e até mais agradáveis.
- **As reuniões individuais estão relacionadas a vários resultados positivos.** Elas promovem uma variedade de bons resultados para seus subordinados, para você enquanto gerente, para sua equipe e para sua organização. Alguns desses resultados incluem maior nível de envolvimento, sucesso dos integrantes da equipe e do gestor, diversidade e inclusão, evolução dos relacionamentos, crescimento e desenvolvimento do subordinado, e satisfação com a vida.

2. Os membros da equipe ficarão apreensivos com a reunião individual?

> *A emoção mais antiga e poderosa da humanidade é o medo, e o tipo de medo mais antigo e poderoso é o medo do desconhecido.*
> H. P. Lovecraft

> *As pessoas não conseguem se entender porque sentem medo umas das outras; elas sentem medo umas das outras porque não se conhecem; elas não se conhecem porque não se comunicaram entre si.*
> Martin Luther King Jr.

Comunicação e estruturação excelentes são essenciais na hora de implementar uma nova iniciativa de reunião individual ou reformular sua atual estratégia. Sem uma comunicação adequada, os integrantes da equipe podem fazer suposições que levem a ansiedade e angústia injustificadas, além de mal-entendidos. Quando a informação não está evidente, juntamos as pistas para compor um retrato da realidade e buscamos dados com os outros para reduzir essa ambiguidade. É este último aspecto que alimenta rumores espalhados pela rádio peão — curiosamente, estima-se que 70% de toda comunicação nas organizações ocorre dessa forma.[1] Em geral, a rádio peão carrega algum fundo de verdade, mas tende a omitir a história completa. Pode ser distorcida cada vez que é repassada, visto que detalhes cruciais são deixados de fora ou ficam tão alterados que a narrativa final não se parece mais com a verdade. Isso foi estudado empiricamente no que chamamos de *experimentos de cadeia de transmissão*, que nada mais é que um nome complicado para a brincadeira de criança do telefone sem fio. Nesse jogo, sentamos em um círculo, sussurramos uma mensagem para a pessoa ao lado, essa pessoa sussurra o que escutou para a seguinte e assim por diante, e quando a mensagem volta aos nossos ouvidos, foi completamente distorcida. Uma prova da universalidade do conceito, a brincadeira do telefone sem fio — embora recebendo nomes diferentes (ver tabela abaixo) — existe no mundo todo![2]

PAÍS	NOME	TRADUÇÃO
Turquia	*kulaktan kulağa*	de (um) ouvido para (outro)
França	*téléphone sans fil*	telefone sem fio
Alemanha	*Stille Post*	correio silencioso
Malásia	*as telefon rosak*	telefone quebrado
Israel	*telefon shavur* (טלפון שבור)	telefone quebrado
Finlândia	*in rikkinäinen puhelin*	telefone quebrado
Grécia	*halasmeno tilefono* (χαλασμένο τηλέφωνο)	telefone quebrado
Polônia	*głuchy telefon*	telefone surdo

Devido ao potencial para que a mensagem seja distorcida na transmissão informal de uma pessoa para outra, comunicar-se diretamente com os integrantes de sua equipe é fundamental antes de agendar as reuniões individuais, para assegurar que os motivos e procedimentos estejam claros e os eventuais temores sejam apaziguados. Um líder deve ser afirmativo e íntegro. Primeiro, anuncie a implementação (ou retomada) das reuniões individuais para sua equipe em uma reunião geral, de modo que todos seus subordinados ouçam a mesma mensagem ao mesmo tempo. Isso impedirá que algum deles se sinta isolado e assegurará a consistência da mensagem entre todos os integrantes da equipe. Segundo, vincule as reuniões individuais aos valores mais amplos da organização (por exemplo, a importância da voz do funcionário) e a seus valores pessoais (por exemplo, ser um líder que apoia) para contextualizar o esforço e sinalizar que se trata de uma iniciativa duradoura e de longo prazo. Terceiro, enfatize que as reuniões individuais não consistem em microgerenciamento nem em uma tentativa de controlar os funcionários. Deixe claro que, na verdade, as reuniões individuais proporcionarão oportunidades para vocês se conhecerem melhor, ficarem inteirados dos desafios, discutirem planos de carreira, oferecerem ajuda quando necessário, e também servirão de espaço seguro para manter a comunicação e o diálogo fluindo em via de mão dupla e para lidar com as preocupações e dúvidas dos subordinados. Como parte do processo de comunicação, delineie qual será o aspecto logístico da reunião individual. Isso inclui a frequência de realização, o tempo alocado, a disponibilidade de data e do local escolhido. Finalmente, enfatize que o subordinado ajudará a moldar essas logísticas com o tempo e que você pedirá um feedback dele para fazer com que as reuniões individuais sejam as melhores possíveis.

> *As reuniões individuais podem levar o subordinado a sentir que está sendo microgerenciado? Certamente sim, mas isso depende de como será sua abordagem nessa reunião. Os seus funcionários se sentirão microgerenciados se você de fato tiver tendência ao microgerenciamento, mas não é esse o propósito das reuniões individuais.*

RESPOSTAS A QUESTÕES COMUNS DOS FUNCIONÁRIOS

Para ajudar em sua comunicação da implementação ou retomada das reuniões individuais, eis algumas questões comuns dos subordinados e potenciais abordagens e respostas para informá-los e acalmar a ansiedade deles.

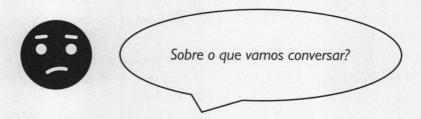

Gestor: *Formule a pauta de modo que a reunião individual tenha grande valor para você. Tópicos comuns podem envolver uma discussão sobre barreiras, prioridades, clareza, alinhamento, metas, coordenação, crescimento e desenvol-*

vimento, planos de carreira etc. Ao mesmo tempo, essas reuniões são concebidas para cultivar o relacionamento.

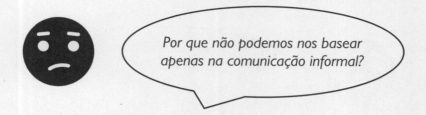

Por que não podemos nos basear apenas na comunicação informal?

Gestor: Porque deixamos passar muitas coisas. Além do mais, o foco na comunicação informal muitas vezes resulta de um olhar de curto prazo, já que tendemos a dar prioridade a apagar os incêndios à medida que vão surgindo, em vez de atentar para questões de longo prazo, como crescimento profissional e planejamento para o futuro.

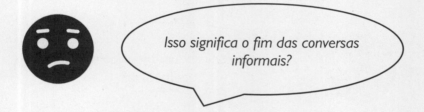

Isso significa o fim das conversas informais?

Gestor: As reuniões individuais não substituem nossas conversas informais. Entretanto, é provável que teremos menos conversas "espontâneas", uma vez que podemos guardar determinados assuntos para a reunião individual seguinte. Mas continuarei à sua disposição sempre que precisar.

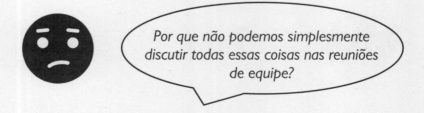

Por que não podemos simplesmente discutir todas essas coisas nas reuniões de equipe?

Gestor: Quero lhe proporcionar um momento exclusivo em que você possa ter certeza de que suas necessidades serão ouvidas. O seu desenvolvimento profissional ou as suas eventuais preocupações talvez sejam mais bem atendidos se a conversa ocorrer apenas entre nós. Decerto manteremos a equipe informada sobre qualquer fator relevante para os demais.

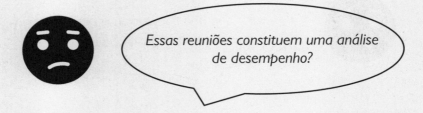
Essas reuniões constituem uma análise de desempenho?

Gestor: *De forma nenhuma. As reuniões individuais são um ótimo momento para compartilhar feedbacks, exercer coaching e discutir crescimento e desenvolvimento profissionais, mas não são focadas exclusivamente no desempenho. Um benefício extra é que, ao realizar reuniões individuais com maior regularidade, haverá menos surpresas durante nossas conversas para análise de desempenho.*

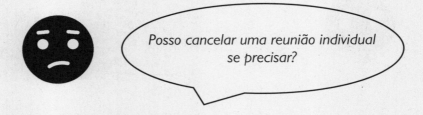
Posso cancelar uma reunião individual se precisar?

Gestor: *Se for absolutamente necessário, sim. Mas é melhor para ambos se criarmos uma rotina e nos atermos a ela. Com o tempo, podemos fazer nova avaliação e determinar a melhor frequência de reuniões para nós.*

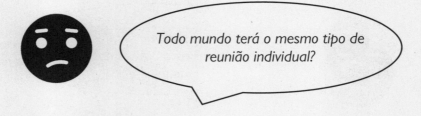
Todo mundo terá o mesmo tipo de reunião individual?

Gestor: *Em grande parte, sim. Mas considerando que cada integrante da equipe tem sua própria voz na pauta e no processo da reunião individual, a expe-*

riência pode variar. Essencialmente, porém, o propósito da reunião e o modo como eu a abordo sem dúvida serão parecidos.

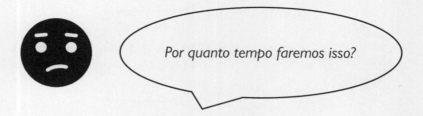

Por quanto tempo faremos isso?

Gestor: Não é uma coisa pontual. As reuniões individuais são uma parte fundamental da minha filosofia de liderança, bem como uma maneira de ajudar a construir uma excelente equipe. Mas elas podem evoluir com o tempo para atender às suas necessidades da melhor forma possível. Por isso, avaliaremos constantemente até que ponto estão funcionando, de modo a fazer ajustes e continuar agregando valor.

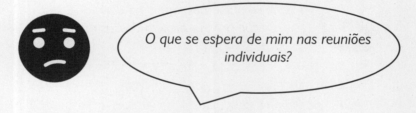

O que se espera de mim nas reuniões individuais?

Gestor: Venha de mente aberta e preparado. Fale com franqueza sobre suas eventuais preocupações ou descontentamentos, para que possamos resolvê-los juntos. Faça da sua pauta uma prioridade. Tenha curiosidade, engaje-se, comunique-se com honestidade, reflita de maneira profunda sobre os problemas e soluções, permita-se pedir ajuda e feedback e comprometa-se a agir de acordo com o que aprendeu. Meu compromisso é fazer a mesma coisa.

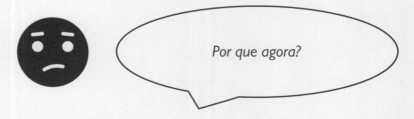

Por que agora?

Gestor: Por que esperar? Meu objetivo é tentar ser a melhor liderança que puder, ajudando você a crescer e atingir seu máximo potencial e contribuindo para o crescimento de toda a equipe.

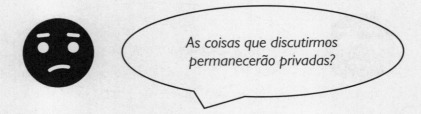

Gestor: Manterei a conversa privada a menos que me peça o contrário. Cabe a você decidir o que deseja compartilhar com os outros ou não. Mas em princípio essas reuniões permanecerão confidenciais.

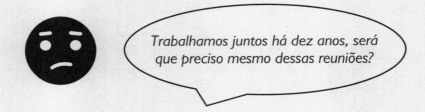

Gestor: Você tem alguma razão, mas não podemos achar que não há mais nada a aprimorar em nossa relação — boas relações sempre precisam de cuidados. Além do mais, surgem questões e problemas novos que uma reunião individual nos permite tratar mais efetivamente. Que tal fazer uma tentativa e então nos comprometermos a avaliar a longo prazo o que funciona ou não para assegurar que esse seja um bom uso do seu tempo?

PONTOS PRINCIPAIS

- **A comunicação é essencial para começar reuniões individuais com sua equipe.** Ao implementar (ou retomar) reuniões individuais com sua equipe, uma comunicação excelente se faz necessária. Para conseguir isso, agende uma reunião com a equipe toda. Explique em que constitui uma reunião individual e o motivo para realizá-la. Deixe claro que todos os subordinados a terão, vincule a reunião a valores organizacionais e pessoais mais amplos e enfatize que essas reuniões não consistem em microgerenciamento nem controle. Enfatize seu desejo de proporcionar aos subordinados uma oportunidade para falarem o que pensam de forma regular e consistente.

- **Incentive os subordinados a fazer perguntas.** Depois de apresentar o conceito de reunião individual à equipe, é inevitável que os subordinados tenham perguntas para fazer. O ideal é respondê-las numa reunião de equipe, de modo que todos ouçam as mesmas respostas, diminuindo a necessidade de você ficar se repetindo. Algumas perguntas comuns aqui são "como serão as reuniões?", "a participação é opcional?" e "quais as expectativas para essas reuniões?", por exemplo.

3. Posso marcar reuniões apenas quando tiver algo a dizer?

Antes de examinarmos a ciência em torno da periodicidade de reuniões individuais, teste seus conhecimentos:

AFIRMAÇÃO	VERDADEIRO/ FALSO
As reuniões individuais não devem ser realizadas toda semana, pois isso leva os funcionários a se sentirem microgerenciados e excessivamente controlados.	
Trabalhadores em um país ávido por feedback como os Estados Unidos (em comparação, digamos, ao Reino Unido, à Alemanha e à França) sentem maior necessidade de reuniões individuais com seus gestores.	
Tendo em vista a importância de uma conversa tête-à-tête com o chefe, quanto menor o status do gestor, maior o desejo de uma reunião individual.	
Sem um planejamento definido da frequência das reuniões individuais, tendemos a nos reunir mais com integrantes da equipe que acreditamos serem diferentes de nós devido a um viés implícito de que essas são as pessoas que mais necessitam da nossa ajuda.	
O principal motivo para os subordinados sugerirem querer menos reuniões individuais é a fadiga de reuniões.	

O que dizem as evidências? A resposta a cada uma dessas questões — como você descobrirá ao longo deste capítulo — é FALSO. Como você se saiu? Ficou surpreso? Então vejamos o que a ciência diz de fato sobre a frequência das reuniões individuais.

SEMPRE PLANEJE

Tudo sempre começa com um plano. Devemos ter uma estratégia preparada para a frequência com que realizaremos reuniões individuais com os funcionários, seja semanalmente, quinzenalmente ou qualquer outra periodicidade. É claro que coisas inesperadas podem acontecer para atrapalhar sua abordagem, mas ter um plano de reunião individual para a equipe é crucial por dois motivos. Primeiro, aumenta as chances de propiciar determinado comportamento que, por fim, virá a ser uma rotina padrão — algo sobre o que não pensamos muito nem ficamos preocupados, apenas fazemos, mais ou menos como escovar os dentes. O segundo motivo gira em torno dos vieses. Ou seja, ter um plano a ser aplicado a todos os integrantes da equipe ajuda a prevenir a manifestação de duas tendências problemáticas.

Primeiro viés: nós tendemos a nos encontrar mais frequentemente com pessoas similares a nós, algo conhecido como viés de afinidade ou de semelhança. A pesquisa mostra que costumamos nos sentir mais atraídos por pessoas que percebemos como parecidas conosco, bem como confiar mais nelas — pessoas com quem compartilhamos atitudes, características físicas e traços de personalidade similares. Esse viés contradiz o ditado popular de que os opostos se atraem. Por exemplo, a pesquisa revela que pessoas baixas tendem a se casar com pessoas baixas, pessoas atraentes com pessoas atraentes e assim por diante. Se não temos um plano de reunião individual claro e em vez disso preferimos ser mais espontâneos, esse viés involuntário provavelmente afetará nossa frequência de reuniões individuais com os subordinados. Como resultado, pode acontecer de determinados gêneros, raças ou etnicidades e tipos de personalidade (entre outras diferenças) não disporem de igual acesso ao chefe e receberem tratamentos diferentes, algo que — mesmo quando não é essa a intenção — pode ser discriminatório. Um plano de reunião individual o ajudará a alocar um tempo semelhante para todos os integrantes de sua equipe, independentemente das similaridades que cada um guarde com você.

Segundo viés: ver e interagir mais com uma pessoa tende a fazer com que gostemos mais dela e, assim, criemos um envolvimento maior. Isso é chamado de efeito de propinquidade. Sem um planejamento da reunião individual, pode acontecer de privilegiarmos aqueles que vemos com maior regularidade. Por exemplo, trabalhadores remotos talvez não tenham igual acesso ao gestor nem recebam o mesmo tratamento no que se refere a reuniões individuais. Assemelha-se à expressão "quem não é visto, não é lembrado". Um plano de reuniões individuais claro ajudará a impedir esses vieses idiossincráticos de dominarem prontamente.

Tudo isso considerado, você ainda pode ser flexível. Ou seja, pode estabelecer diferentes frequências para diferentes pessoas, mas tendo certeza de que, no geral, seus subordinados disponham de uma mesma quantidade de seu tempo ao longo do mês. Por exemplo, alguns integrantes da equipe podem ter reuniões individuais uma vez por semana por meia hora, enquanto outros teriam reuniões quinzenais de uma hora. Isso corresponde ao mesmo investimento de tempo.

A seguir, vejamos o que a pesquisa afirma sobre os tipos de planejamento.

OPÇÕES DE PLANEJAMENTO

Em minhas entrevistas com cinquenta executivos, três planos de reunião individual foram os mais recomendados:

1. **Plano semanal.** Uma reunião individual de cerca de trinta minutos por semana com cada integrante da equipe.
2. **Plano quinzenal.** Uma reunião individual que dure em torno de 45 a sessenta minutos, a cada duas semanas, com cada integrante da equipe.
3. **Plano mensal.** Uma reunião individual que dure em torno de sessenta a noventa minutos, a cada três ou quatro semanas, com cada integrante da equipe.

Quanto ao que é *normativo*, há alguns dados disponíveis. Por exemplo, a empresa Soapbox conduziu um estudo de reuniões envolvendo duzentos gestores de diversos setores industriais.[1] Uma parte central desse relatório examinou com que frequência acontecem reuniões individuais entre os gestores e os subordinados. Os resultados são interessantes e não mudaram em função do tamanho da organização nem da margem de controle do líder:

FREQUÊNCIA	PORCENTAGEM DE FUNCIONÁRIOS RELATANDO A FREQUÊNCIA
Semanal	49%
Quinzenal	22%
Mensal	15%
Trimestral	2%

Concentrando-me nas frequências *desejadas*, conduzi um estudo transcultural com quase 4 mil funcionários sobre suas reuniões individuais. Foi perguntado a eles: "Quantas reuniões individuais você *gostaria* de ter com seu gestor em um mês típico?". Embora alguns intrigantes padrões transculturais tenham surgido, como podemos ver na tabela abaixo, a resposta geral foi "quatro reuniões por mês" (isso mesmo, reuniões individuais semanais). Os resultados detalhados seguem abaixo:

PAÍS	REUNIÃO INDIVIDUAL MENSAL COM O GESTOR (DESEJADA)
França	4,5
Alemanha	4,6
Reino Unido	3,3
Estados Unidos	3,4
Geral	4,0

Utilizando os mesmos dados, descobrimos uma correlação direta entre o status do funcionário na organização e a frequência desejada de reuniões mensais com o gestor.

NÍVEL DO CARGO DO SUBORDINADO	REUNIÃO INDIVIDUAL POR MÊS COM O GESTOR (DESEJADA)
Funcionário recém-contratado	3,1
Supervisor direto de funcionários	3,7
Gestor intermediário	4,1
Gestor sênior	4,5

Observação: houve uma variação dentro de cada grupo de entrevistados, com alguns indivíduos querendo menos reuniões individuais mensais, enquanto outros, mais. Mas via de regra o recado é claro: **as reuniões individuais semanais se alinham sobretudo às preferências dos funcionários em geral, independentemente de nível do cargo ou do país pesquisado.**

Alguns líderes realizaram mais de uma reunião individual por semana com seus subordinados. O grande receio dessa abordagem é que ela inadvertidamente resulta no gestor se perdendo em minúcias e microgerenciando seus subordinados, mesmo sem intenção. Além do mais, haja reunião! A sugestão oferecida em minhas entrevistas é de que, caso as questões sobre o andamento do trabalho sejam de fato importantes, haja mais comunicação assíncrona (por exemplo, mensagens de texto, mensagens no Slack, telefone, e-mail), pois isso costuma ser mais eficaz.

Para te ajudar a descobrir qual plano é melhor para você, sua equipe e sua situação, apresento uma espécie de "árvore de decisão" na lista a seguir. Quero salientar desde o início que os dados sugerem que *se possível e se for razoável*, o Plano 1 (semanal), em comparação com outras frequências, obteve os resultados mais favoráveis. Por exemplo, no estudo de 25 semanas que conduzimos no setor da tecnologia, os funcionários com reuniões individuais semanais avaliaram de forma consistente seu gestor mais favoravelmente em comparação aos funcionários com reuniões individuais quinzenais, com pontuações em média quase 10% mais elevadas. Além disso, usando dados objetivos da pauta ligados a uma pesquisa de engajamento, a frequência de reuniões individuais semanal mostrou os ganhos de engajamento mais elevados, seguida da frequência quinzenal e das frequências mais espaçadas. Embora eu aprecie as reuniões individuais semanais em função dos dados, enfatizei "se possível" e "se for razoável". A questão passa a ser, então: e quando não é possível ou razoável realizar as reuniões semanalmente? Isso me traz a uma série de considerações a serem deliberadas conforme você cria seu próprio plano para sua equipe. A lista abaixo o ajudará a determinar a frequência de reuniões correta para o seu caso. Também recomendo que consulte o "Questionário para determinar a frequência das reuniões individuais" na seção "Ferramentas".

- **Remoto versus presencial.** Se você trabalha com uma equipe remota, uma frequência semanal é recomendada. Isso serve para compensar a falta de contato mais espontâneo que ocorre com uma equipe inteiramente presencial. Porém, se todos os subordinados ou parte deles estiverem na sua presença, um modelo menos frequente pode ser proposto, considerando a facilidade das interações informais em um ambiente presencial.
- **Preferência dos funcionários.** Sou favorável à ideia de proporcionar aos subordinados uma escolha em relação à frequência de suas reuniões individuais. Embora possamos encorajar as reuniões semanais, se um subordinado mostrar forte inclinação pela opção quinzenal, recomendo respeitar isso.
- **Experiência e tempo de serviço do subordinado.** Se os integrantes de sua equipe são inexperientes ou recém-chegados à empresa, as reuniões individuais semanais são o ideal, pois lhe permitirão oferecer coaching e outras formas de orientação para auxiliar no crescimento e na evolução deles. Entretanto, uma frequência menor pode ser apropriada para funcionários mais calejados (que trabalham na empresa ou para você por um tempo relativamente longo). Da mesma forma, se o funcionário é novo em sua equipe (mesmo que tenha experiência em outro lugar), é importante reunir-se com ele toda semana, pelo menos no começo. Isso lhe permite construir uma relação de confiança e ajudará no processo de integração. Sobretudo em uma relação profissional remota, você é uma verdadeira tábua de salvação para os novos contratados.
- **Tempo de serviço do gestor.** Se você, como líder, é novo na equipe, reuniões individuais semanais são a frequência ideal para construir relacionamentos e produzir alinhamento. Se já tem experiência com a equipe, a frequência quinzenal e mensal são as opções mais apropriadas a considerar.

- **Tamanho da equipe.** Se sua equipe for razoavelmente grande (digamos que haja dez ou mais pessoas se reportando a você), sugiro reuniões individuais quinzenais ou mensais, o que lhe permitiria distribuir as reuniões individuais ao longo de uma janela de tempo maior. Além disso, você talvez precise reduzir um pouco o tempo alocado para cada reunião, de modo a ajudá-lo a gerenciar sua carga de trabalho. Por exemplo, em vez de se reunir a cada duas semanas por sessenta minutos com cada pessoa da equipe, reduza o tempo para trinta ou quarenta minutos. Da mesma forma, dependendo da extensão de seu controle, você talvez precise considerar mudanças estruturais para assegurar que seu pessoal esteja recebendo o apoio necessário (por exemplo, mentoria entre colegas e acesso a coaching externo — seja de outros departamentos, seja um consultor terceirizado).
- **Uso de outras tecnologias.** Se você, enquanto gestor, utiliza tecnologias assíncronas para permanecer conectado a seu pessoal, uma frequência menor pode ser mais apropriada. Por exemplo, certo executivo da Google emprega documentos compartilhados com seus subordinados para atualizar o progresso e fornecer comentários com a maior constância possível. Essa comunicação assíncrona pode ajudar a diminuir a necessidade de reuniões individuais semanais.
- **Reuniões semanais da equipe.** Na eventualidade de reuniões de equipe regulares e bem conduzidas com um número *pequeno* de funcionários (três ou quatro subordinados), a frequência das reuniões individuais provavelmente pode ser reduzida.

Há um fator adicional que eu gostaria de abordar no que diz respeito à frequência das reuniões individuais: confiança. A confiança não é tão concreta quanto os demais fatores na árvore de decisões, mas ainda assim é fundamental. Com a conquista da confiança, é possível que a periodicidade não precise ser tão alta, presumindo-se que o gestor esteja disponível por meio de outros canais de comunicação. Entretanto, não estou acrescentando isso à árvore de decisões, pois a pesquisa revela que nossa avaliação da confiança conquistada junto aos demais talvez não esteja totalmente alinhada com os subordinados. Não necessariamente somos a melhor pessoa para julgar se os outros confiam em nós ou não. Além disso, a conquista da confiança não vem com garantias. Podemos ter a confiança de alguém, mas perdê-la com facilidade. A confiança precisa ser continuamente cultivada e não devemos achar que virá de forma natural e sem esforço.

Voltemos por ora ao modelo de reuniões mensais. Em muitas de minhas entrevistas com executivos seniores, eles tendiam a confiar mais no plano mensal de reuniões individuais. Os motivos oferecidos foram: (a) escopo de controle muito grande, com subordinados demais para realizar reuniões individuais com maior frequência; (b) os subordinados eram profissionais altamente tarimbados que não precisavam de muita orientação e planejamento; e (c) de modo geral, os subordinados estavam com eles havia muito tempo. Embora os dados sugiram que a frequência mensal das reuniões individuais talvez não seja ideal em comparação a outras periodicidades, ainda assim pode ser útil para a equipe e de fato gera ganhos de engajamento dos funcionários, comparada à opção de não haver reunião individual nenhuma.

Deixando de lado o fato de que isso parece não estar alinhado aos dados de preferência compartilhados anteriormente, em que os funcionários tendem a desejar reuniões individuais mais frequentes mesmo no nível sênior, há três razões principais para explicar por que esse modelo mensal geralmente não é o ideal. Primeiro, o intervalo de tempo torna o feedback e as conversas menos oportunos (por exemplo, algo que vale a pena ser discutido pode ter ocorrido três semanas antes da reunião individual). Segundo, com as reuniões mensais, há um tremendo viés de curto prazo. Essa armadilha cognitiva nos leva a falar sobre as eventualidades mais recentes em detrimento do que ocorreu mais no começo do período mensal, pois acontecimentos recentes são mais facilmente lembrados. Por fim, as reuniões individuais são mais efetivas quando se complementam de forma oportuna, na medida em que isso possibilita criar embalo e gerar alinhamento em torno de áreas de desenvolvimento ou ações desejadas. É inevitável que a continuidade e o embalo saiam perdendo com intervalos de tempo maiores entre as reuniões individuais. Posto isso, será que a frequência mensal ainda funciona, dadas as justificativas compartilhadas pelos executivos citadas acima? Sim, mas essa periodicidade, de todo modo, talvez não seja a ideal. Alguns poderiam se perguntar se uma frequência de reuniões individuais trimestral seria mais apropriada. A resposta que emerge dos dados parece ser, de forma geral, negativa. Na verdade, poderíamos argumentar que uma frequência de reuniões individuais trimestral não se qualifica de fato como frequência — está mais para a opção de "reunião nenhuma".

Quanto maior a frequência de reuniões individuais realizada com os subordinados, mais curtas elas podem ser. É por isso que reuniões de vinte a trinta minutos funcionam bem quando a periodicidade é semanal. Por outro lado, quanto menor a frequência das reuniões, mais demoradas deverão ser para cobrir toda a pauta (45 a noventa minutos).

Resumindo, não existe uma estratégia única para as reuniões individuais. Use as regras gerais anteriores para planejar o que mais funciona para você, seus subordinados e sua situação particular. Após a implementação de uma frequência, não há o menor problema em reavaliá-la e calibrá-la ao longo do tempo. Mas tente se ater a um planejamento pelo menos durante alguns meses para ter uma ideia melhor. Depois disso, você disporá de maior percepção se a periodicidade está sendo espaçada demais, insuficiente ou na medida certa.

PONTOS PRINCIPAIS

- **Determine um plano de reuniões individuais para sua equipe.** Isso representa uma garantia de que você estará realmente realizando reuniões individuais com todos os seus funcionários e ajudará a atenuar tendências que poderiam resultar no favorecimento inconsciente de certos subordinados.
- **Encontre a frequência certa.** As frequências de reunião individual mais comuns são as semanais, quinzenais e mensais. Não permita que a periodicidade de reuniões seja ditada pelas necessidades momentâneas. A pesquisa mostra que a reunião individual semanal é a melhor opção na maioria dos casos.

- **Avalie o que é razoável.** Para ajudar a determinar qual o melhor planejamento para você e sua equipe, leve em consideração o que é possível e razoável. Os fatores a serem considerados incluem: se em sua equipe há trabalhadores remotos; quais as preferências, experiências e tempo de serviço de seus subordinados; há quanto tempo está com a equipe; e qual o tamanho de sua equipe. Não existe uma solução única — escolha um plano que seja mais adequado a suas necessidades e situação e faça os ajustes necessários com o tempo.
- **Obtenha feedback e adapte-se.** Tenha em mente que a falta de interesse dos subordinados em reuniões individuais ou sua preferência por reduzir a quantidade delas pode ser um sinal de que tais reuniões não estão sendo conduzidas de forma eficiente. Encontre formas de obter feedback constante sobre as reuniões individuais e considere estratégias capazes de aumentar sua eficácia.

4. Como agendar reuniões individuais: no mesmo dia, agrupadas ou espaçadas?

Para responder a essa pergunta, quero primeiro abordar o conceito de flow — um estado mental em que ficamos completamente imersos em determinada tarefa, absorvidos pelo trabalho e dotados de foco intenso. Nos esportes, isso é frequentemente chamado de estar *in the zone*. Quem introduziu o conceito foi o psicólogo Mihaly Csikszentmihalyi, há cerca cinquenta anos. Ele descreveu o flow como uma experiência "em que a pessoa fica tão envolvida em uma atividade que nada mais parece importar no momento; a experiência é tão agradável que a pessoa se recusa a abrir mão dela mesmo a um grande custo, pelo puro prazer de vivenciá-la".[1] A análise focou primeiro em profissões criativas e revelou que um estado de flow estava associado ao trabalho de alta qualidade.[2] Mais recentemente, pesquisas sobre os estados de flow têm sido conduzidas em inúmeras profissões, de gestores a trabalhadores do conhecimento. Independentemente da área, os resultados foram consistentes: os estados de flow estavam associados a sentimentos de produtividade, satisfação e felicidade no trabalho.[3] Por outro lado, uma ausência da experiência de flow estava relacionada a resultados negativos.[4] Por exemplo, um estudo revelou que indivíduos incapazes de atingir esse estado relataram sensações de desorganização, de ter menos controle de seu ambiente de trabalho e de impotência. A pesquisa também revelou que a interrupção de um estado de flow causa estresse, prejudica a produtividade e leva ao aumento da frustração.[5] Buscar o estado de flow no trabalho é algo que claramente vale a pena.

Mas por que estamos falando desse assunto? Porque as reuniões podem ser agendadas de forma a maximizar as chances de o flow ocorrer — e diminuir as interrupções quando ele for atingido. Se pudermos agrupar as reuniões, digamos, realizando todas pela manhã, aumentamos as oportunidades de flow no período da tarde ao diminuir as interrupções e trocas de tarefa causadas por reuniões espaçadas ao longo do dia. Com uma dispersão das reuniões, é provável que não haja tempo suficiente entre uma e outra para executar suas principais tarefas, entrar em flow ou maximizar a produtividade. Dando respaldo a essa ideia, em uma pesquisa conduzida com minha excepcional aluna de doutorado, Liana Kreamer, os participantes relataram níveis mais elevados de produtividade, realização e sentimentos positivos quando as reuniões eram agrupadas, em vez de espaçadas ao longo da jornada de trabalho. Além disso, um estudo com desenvolvedores de software constatou que a maioria dos entrevistados acreditava ser ideal encerrar todas as reuniões diárias antes de começar quaisquer tarefas relativas ao trabalho. Dessa forma, o período da tarde se torna uma oportunidade para o flow. A opção mais desejada foi agrupar as reuniões no início da tarde, uma vez que o horário de almoço serve como uma interrupção natural do dia de trabalho. A manhã também seria, assim, uma boa oportunidade para atingir o flow.

Há duas questões a serem consideradas ao usar uma abordagem de agrupamento para as reuniões. Primeiro, certifique-se de inserir pequenas pausas entre suas reuniões agrupadas para proporcionar tempo de recuperação, alongamento, idas ao banheiro e preparativos para a reunião seguinte. Uma forma de fazer isso é encurtando as reuniões. Por exemplo, uma reunião de trinta minutos pode ser abreviada para 25 minutos. Segundo, se você deu duro para obter um tempo livre de forma a aumentar suas chances de flow, não abra mão disso e faça dele uma prioridade sagrada em sua agenda. Assegurar um horário fixo para o flow é imperativo.

Embora o agrupamento de reuniões pareça ser mais defensável do ponto de vista do flow, ainda assim encontramos indivíduos que preferiam distribuir suas reuniões ao longo do dia, mesmo em detrimento do flow. Os motivos abordados foram, entre outros:

1. Evitar a fadiga causada por seguidas reuniões.
2. Possibilitar tempo para relaxar após as reuniões e refletir sobre o que foi discutido ou tomar notas.
3. Possibilitar tempo de preparo para a reunião seguinte.
4. Possibilitar tempo para concluir tarefas ou verificar e-mails entre uma reunião e outra, para evitar o acúmulo de trabalho.

Sem dúvida, diferentes pessoas terão diferentes preferências no que se refere ao agendamento de reuniões. Os motivos acima são certamente compreensíveis, mas acredito que podem ser amenizados acrescentando-se breves pausas entre reuniões agrupadas (como ilustrado a seguir). Mesmo assim, embora em princípio eu defenda o agrupamento de reuniões com base na ciência disponível, se para alguns isso não parecer correto, tudo bem. Independentemente de suas preferências, considere ao menos agendar reuniões com intervalos naturais (como o horário de almoço) para minimizar a troca de tarefas. Passar de uma tarefa para outra e retomar o foco não são processos instantâneos, cognitivamente falando — requerem tempo e energia mental. Reuniões realizadas no início da manhã, pouco antes do meio-dia e ao fim da tarde se alinham a momentos em que o trabalho já é naturalmente interrompido. Isso cria apenas uma, e não duas interrupções para troca de tarefas a cada reunião. Ter menos trocas de tarefas lhe permite ser mais produtivo e sentir-se mais satisfeito com seu uso do tempo, aumentando suas chances de vivenciar o flow. Na próxima página há três exemplos de como as estratégias acima poderiam figurar em sua agenda.

Via de regra, agendar reuniões individuais e gerenciar sua carga de trabalho é função sua. Você tem autonomia. As melhores práticas recomendam identificar as janelas de tempo para suas reuniões individuais que mais funcionem no seu caso e que, em termos ideais, lhe proporcionem oportunidades para o flow e o *deep work* [estado de concentração intensa]. Em seguida, permita que seus funcionários escolham entre essas janelas, dispondo de certa autonomia para criar sua própria oportunidade de flow. Para fazer isso de forma eficaz, as janelas compartilhadas com os subordinados devem ser suficientemente grandes, de modo a haver uma escolha que funcione para ambas as partes. Uma vez definidas tais janelas, mantenha esses horários fixos na agenda (por seis meses a um ano, digamos) para criar consistência e evitar a mudança recorrente dos agendamentos.

	Agrupamento	Pausa natural	Espaçamento
GMT-04			
8h			
9h	1:1 com Jarrett, 9h		1:1 com Jamal, 9h
	1:1 com Cynthia, 9h30		
10h	1:1 com Jamal, 10h		
			1:1 com Cynthia, 10h30
11h			
		1:1 com Jarrett, 11h30	
12h	almoço, 12h-13h	almoço, 12h-13h	almoço, 12h-13h
13h		1:1 com Cynthia, 13h05	
14h			1:1 com Jarrett, 14h
15h			
		1:1 com Jamal, 15h30	
16h	reunião geral da equipe, 16h-17h	reunião geral da equipe, 16h-17h	reunião geral da equipe, 16h-17h
17h			

Existe ainda uma série de aplicativos e recursos disponíveis capazes de ajudar você e seus subordinados a encontrar horários de reunião que se encaixem nas respectivas agendas. Por exemplo, a plataforma de reuniões Microsoft Teams possui um recurso chamado "assistente de agendamento", em que os demais podem visualizar sua disponibilidade e sugerir horários que funcionem para todos. Nesse caso, você pode agendar um horário fixo de sua preferência (um período livre de reuniões) para trabalhar em suas próprias tarefas. Essa janela de tempo aparecerá com o status "ocupado" quando outros visualizarem sua agenda. Assim, qualquer outro horário livre nela estará disponível para seus subordinados sugerirem uma reunião individual.

Devo agendar todas as reuniões individuais num mesmo dia? Essa questão ainda não foi diretamente abordada em pesquisas. Trata-se de uma questão de preferência pessoal. O que sabemos é que reuniões individuais bem-sucedidas (como qualquer reunião) exigem foco e energia. Realizar todas as reuniões individuais no mesmo dia pode ser pedir demais da liderança, se forem muitas. Mas, em última análise, cabe a você decidir.

CANCELANDO REUNIÕES INDIVIDUAIS

Um último tópico a ser abordado neste capítulo, e que nem sempre é considerado, envolve o cancelamento de reuniões individuais. Isso só deve acontecer se de fato não lhe restar outra opção. As reuniões individuais são um investimento em seus subordinados e em sua equipe, portanto devem ser consideradas sagradas. Mesmo se você tiver uma viagem de negócios ou não puder comparecer ao escritório, é melhor encontrar tempo para uma videoconferência enquanto estiver na estrada, no aeroporto ou entre uma reunião e outra. Evidentemente, é provável que você tenha de abreviar a duração da reunião, e não há problema nisso. Mas, nessas e em outras circunstâncias parecidas, até mesmo reuniões individuais de cinco a dez minutos podem ser produtivas e transmitir para os subordinados um forte recado sobre a importância delas. Além do mais, se a semana estiver particularmente complicada, sempre é possível tentar métodos assíncronos, como usar um documento compartilhado em que você e a pessoa troquem atualizações, comentários e considerações. Essa estratégia, muitas vezes subutilizada por gestores, costuma funcionar. Pode não ser uma reunião individual em si, mas serve para apoiar o processo da reunião individual. Se o cancelamento for necessário devido a alguma emergência, não deixe de tomar a iniciativa de reagendar a reunião imediatamente. O ideal seria remarcar para a mesma semana ou o quanto antes. Caso você preveja que haverá um conflito de datas, antecipe, em vez de adiar, a reunião individual, pois isso passa a seus subordinados a mensagem de que eles constituem alta prioridade para você.

O subordinado pode cancelar a reunião individual? Claro que sim. Entretanto, é preciso monitorar a frequência com que isso ocorre, para o caso de um padrão emergir. Cancelamentos repetidos por parte dos integrantes da equipe podem indicar um problema. Nesse caso, os gestores precisam entender melhor o que está por trás desse pedido antes de decidir o que fazer. Nossa pesquisa inicial indica — e isso é muito importante — que, quando um subordinado sugere menos reuniões individuais, na raiz do problema há na verdade uma preocupação com a qualidade e o valor dessas reuniões, não com sua *duração*. Ou seja, o melhor indicador que encontrei em minha pesquisa sobre o desejo do subordinado de reduzir o tempo de reuniões individuais *não* era se estavam muito ocupados, mas se a reunião costumava ser bem ou malconduzida pelo gestor. Por exemplo, quando este não conseguia um engajamento efetivo com o que seus subordinados abordavam, menos reuniões eram solicitadas. No capítulo 13 veremos como obter feedback para suas reuniões individuais.

PONTOS PRINCIPAIS

- **Encontre uma estratégia de agendamento que funcione para você.** Embora a pesquisa sugira que reuniões agrupadas tendem a ser ideais para promover um período livre de interrupções, para limitar a troca de tarefas e para alcançar o melhor flow, os gestores divergem quanto à preferência por essa abordagem. O agendamento é em última análise uma função sua; assim, opte pela programação que mais se alinhe a suas necessidades e preferências, mas ao mesmo tempo proporcionando a seus subordinados algum poder de escolha nessa decisão.
- **Avalie como o agendamento de reuniões afeta você e seus subordinados e planeje com isso em mente.** Estabeleça pequenas pausas (como abreviar uma reunião individual de trinta para 25 minutos) para lhe possibilitar a assimilação de informações de uma reunião anterior e se preparar para a seguinte. Agende reuniões individuais durante intervalos naturais de transição (como o horário de almoço) para limitar a troca de tarefas e de demandas cognitivas. Finalmente, se prefere realizar todas as reuniões individuais no mesmo dia, sem problema. Mas fique ciente de sua carga de reuniões e de como isso pode afetar você e suas reuniões individuais.

- **Só cancele reuniões individuais muito raramente.** Um cancelamento pode levar o subordinado a achar que você não o considera uma prioridade. Se necessário (como no caso de emergências), reagende a reunião individual de imediato e para uma data próxima da original. Caso preveja que uma reunião individual terá de ser cancelada, remarque-a de preferência para uma data anterior àquela em que originalmente seria realizada. Ao fazer isso, você sinaliza para sua equipe que se importa com as necessidades pessoais e laborais de cada um.

5. Que tal sair para uma caminhada?

O local escolhido para uma reunião é importante. Isso significa que os elementos do ambiente podem influenciar as emoções e o comportamento de maneiras significativas. Observemos, por exemplo, os seguintes resultados de pesquisas:

- Enxadristas cometeram mais erros quando o ar do ambiente onde jogavam estava mais poluído.[1]
- O desempenho de alunos no PSAT (prova de admissão universitária dos Estados Unidos) piorou quando realizada em um ambiente mais abafado.[2]
- Ambientes barulhentos afetaram negativamente a capacidade humana de formar memórias e induziram à sensação de fadiga.[3]
- Pacientes revelaram mais informações ao médico em um consultório grande do que num pequeno.[4]
- Espaços de pé-direito alto produziram estratégias de resolução de problemas mais criativas.[5]
- Em reuniões de departamentos, a iluminação e o tamanho adequado da sala em relação ao número de participantes, bem como uma temperatura confortável, foram fatores relacionados à satisfação com a reunião.[6]

Até a cor do ambiente foi investigada. Embora haja controvérsias, considerando a falta de dados conclusivos, acredita-se que o amarelo induza a uma sensação de fome. (Adivinhe qual é a identidade visual do McDonald's?)

O azul parece levar a um estado calmo e relaxado. Assim, se o dono de um bar ou pub quer que os fregueses permaneçam mais tempo, azul talvez seja a escolha certa para fazê-los pedir mais bebidas por um tempo maior. Embora a ideia de que a cor de um ambiente possa causar fome ou serenidade pareça um pouco forçada, a pesquisa mostra inequivocamente que a cor está associada até certo ponto ao humor e ao posterior processo decisório.[7] A lição mais importante aqui é que vale a pena levar o ambiente em consideração ao marcar a reunião individual. Cada local tem seus pontos positivos e negativos. Há muitas opções a considerar. Este capítulo é sobre *onde* realizar sua reunião individual. Mais adiante, apresentarei dados obtidos com subordinados e líderes sobre as sugestões de local que acreditam ser ideais.

ONDE REALIZAR REUNIÕES INDIVIDUAIS

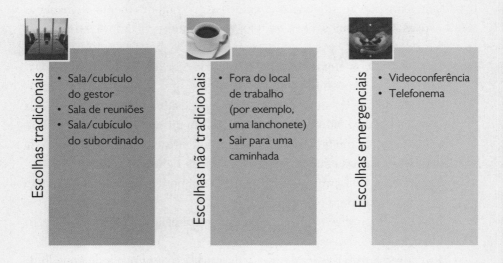

- Escolhas tradicionais
  - Sala/cubículo do gestor
  - Sala de reuniões
  - Sala/cubículo do subordinado
- Escolhas não tradicionais
  - Fora do local de trabalho (por exemplo, uma lanchonete)
  - Sair para uma caminhada
- Escolhas emergenciais
  - Videoconferência
  - Telefonema

LOCAIS DE REUNIÃO TRADICIONAIS

A sala do gestor é uma escolha comum e totalmente apropriada para reuniões individuais, contanto que seja exclusivamente dele e que as distrações e interrupções possam ser minimizadas. O espaço de trabalho do subordinado é outra boa sugestão. Há muitas coisas que me agradam nessa alternativa, incluindo sinalizar que a reunião se destina ao funcionário. Além do mais, isso proporciona ao gestor uma oportunidade de avaliar como ele organiza seu espaço de trabalho (por exemplo, observar o que o funcionário pendura na parede, como fotos e coisas assim, para perceber o que é importante para ele). Agendar uma reunião no espaço de trabalho do subordinado, porém, pode ser interpretado como um pouco intrusivo e agressivo. Assim, uma terceira opção é a sala de reuniões. Gosto do fato de que uma sala de reuniões representa um espaço neutro. Entretanto, salas de reuniões às vezes podem ser complicadas de reservar e não dispor de arquivos e acesso a computadores, que facilitam ainda mais a reunião.

LOCAIS DE REUNIÃO NÃO TRADICIONAIS

As reuniões individuais certamente podem ser realizadas em um restaurante, numa cafeteria ou ao ar livre, como num parque. Fora do ambiente tradicional do escritório, as barreiras de status entre uma pessoa e outra às vezes são mais fáceis de serem superadas, permitindo que se assuma um tom mais casual, natural e humano na conversa. Um ambiente diferente costuma ser revigorante e propiciar uma relação mais pessoal. Entretanto, tais situações também têm suas desvantagens. Nesses lugares temos menos controle, de modo que é possível haver mais ruído ou distrações e interrupções inesperadas. Pode acontecer ainda de alguém escutar a conversa, o que dificulta a discussão de certos assuntos e a construção de segurança psicológica. Finalmente, a depender do que o lugar tem a oferecer (por exemplo, tamanho da mesa, acesso a tomadas etc.), pode ser mais difícil tomar notas. Alinhado a essas ideias, um entrevistado em minha pesquisa comentou:

> Um dos aspectos mais valiosos da reunião individual é a possibilidade de sermos francos um com outro. Assim, eu não faria uma reunião individual em um local público, tampouco em um cubículo, onde outras pessoas estão bem ao lado.

Essas desvantagens com certeza seriam amenizadas com a escolha cuidadosa de um local para assegurar a privacidade e de um momento em que a circulação de pessoas não constitua um problema. Além disso, podemos usar o celular para fazer anotações e ditar observações, em vez levar o notebook junto. Uma rápida busca na internet revelará uma série de aplicativos interessantes para transcrição de voz que podem ser utilizados.

Segurança psicológica é a crença de que não seremos punidos por expressar ideias e levantar questionamentos ou preocupações, nem por cometer erros. Uma sensação de segurança psicológica é crucial para reuniões individuais transparentes, honestas e proveitosas. Isso significa criar um ambiente que deixe seu subordinado à vontade para fazer perguntas, manifestar preocupações e compartilhar ideias sem temer as repercussões. Tenha isso em mente quando estiver à procura de um local para suas reuniões. Não queremos comprometer a sensação de segurança psicológica dos funcionários, sobretudo se a pauta da reunião incluir assuntos privados ou delicados.

SAINDO PARA UMA CAMINHADA

Muitos líderes defendem reuniões ao ar livre com entusiasmo. Em sua biografia, Steve Jobs menciona sua paixão por conversar sobre assuntos importantes durante longas caminhadas. Outros exemplos são Mark Zuckerberg, Jack Dorsey, cofundador do Twitter, e o ex-presidente Barack Obama. Assim, podemos afirmar que esse tipo de reunião conta com o respaldo da pesquisa? Certamente. Para começar, é bom para você! Os benefícios das caminhadas para a saúde incluem diminuição do risco de doença cardíaca, maior controle do peso, redução do risco de certos tipos de câncer e demência, colesterol baixo e maior densidade óssea e força muscular. Além dos benefícios físicos, também há os mentais, como aumento do bem-estar. Em um estudo sobre o assunto, os resultados mostraram que após noventa dias de reuniões com caminhada os participantes relataram maior energia e engajamento.

Não surpreende que o aumento da energia e do engajamento traga benefícios para as reuniões — e amplie até o foco e a criatividade. De fato, a pesquisa sobre reuniões ao ar livre descobriu que seus adeptos tinham probabilidade 8,5% maior de sentir altos níveis de engajamento geral com o trabalho, além de relatar maior criatividade na função.[8] Outro estudo que examina a ligação entre caminhadas e criatividade mostrou que caminhar ao ar livre aumentava a criatividade mais do que outras situações testadas, como a pessoa fazer exercícios criativos sentada em uma cadeira. Além do mais, duas pessoas olhando na mesma direção enquanto realizam uma mesma atividade (caminhar) gera uma sensação colaborativa que não é obtida quando nos sentamos um de frente para o outro. Isso pode ser indicado em particular para conversas difíceis, pois as torna menos formais. Em última análise, a pesquisa mostra que caminhar é benéfico tanto para a mente como para o corpo e produz resultados favoráveis ligados ao desempenho no trabalho,[9] sugerindo que realizar suas reuniões individuais acompanhadas de uma caminhada seria algo benéfico.

Também devemos ter em mente que há algumas desvantagens em reuniões ao ar livre. Podem ocorrer distrações. Às vezes topamos com algum conhecido. Talvez seja difícil consultar e fazer anotações (embora a dificuldade em tomar notas seja solucionada com facilidade pelo uso de um aplicativo de transcrição, como mencionado anteriormente). Observe que se sua reunião individual estiver programada para durar mais de trinta minutos, a caminhada pode ser um pouco puxada para algumas pessoas. Aliás, reuniões ao ar livre não são indicadas para todo mundo, devido a eventuais limitações ou deficiências físicas ou simplesmente porque a pessoa não aprecia caminhar e conversar sobre o trabalho ao mesmo tempo. Além disso, há a questão do clima. Ninguém vai querer andar na chuva, tampouco num dia muito frio ou muito quente. Dessa forma, se você escolher essa opção, é essencial perguntar o que os funcionários preferem e avisá-los com antecedência, para que possam usar calçados adequados. Planeje uma rota de forma que a caminhada termine quando a reunião estiver chegando ao fim. O trajeto também deve ser relativamente tranquilo e livre de distrações — algo que nem todo local de trabalho consegue oferecer. Por fim, crie um plano B para a reunião, caso o tempo esteja ruim nesse dia. E uma última coisa a acrescentar: reuniões ao ar livre para trabalhadores remotos também são viáveis e devem ser consideradas. Nesse modelo, a reunião individual é agendada e ambos conversam ao telefone enquanto caminham. É uma sensação diferente, mantém o sangue circulando e pode funcionar muito bem.

Uma observação final sobre as anotações durante reuniões ao ar livre, caso você não queira realizá-las em tempo real no seu celular: sugiro tomar notas imediatamente após a reunião individual. Assim que voltar à sua sala, ao seu cubículo ou à sua mesa, registre os pontos principais da reunião. Instrua seu funcionário a fazer o mesmo. Depois, compartilhem suas anotações para assegurar que estejam em sintonia e que nada tenha sido esquecido ou mal interpretado.

DADOS SOBRE PREFERÊNCIAS

Não disponho de dados sobre qual local de reunião conduz aos melhores resultados (quem dera!). Mas tenho dados obtidos com gestores e funcionários sobre *preferências* de local que são bastante reveladores e eficazes. Eis as porcentagens de entrevistados que foram favoráveis ou desfavoráveis em relação a diversas escolhas de local:

LOCAL	FAVORÁVEL	DESFAVORÁVEL
Sala do gestor	51%	19%
Sala do subordinado	29%	35%
Sala de reuniões	52%	18%
Local externo (por exemplo, cafeteria)	45%	29%
Caminhada	48%	31%

Os locais mais bem avaliados foram a sala do gestor e a sala de reuniões. O espaço de trabalho do subordinado recebeu a pior avaliação e é, claramente, o menos popular. Curiosamente, a preferência por locais externos (uma cafeteria ou lanchonete, por exemplo) e caminhadas (presenciais ou ao telefone) ficou dividida, ou seja, o interesse por essas opções girou em torno de 50%. Entretanto, cerca de 30% dos entrevistados classificaram tais situações desfavoravelmente. Assim, alguns subordinados desejavam essa abordagem, enquanto outros tinham o sentimento oposto. Isso ressalta a importância de se comunicar com cada um para compreender suas preferências pessoais relativas ao local da reunião. Vale notar que as preferências por diferentes locais não estavam ligadas a gênero, nível hierárquico ou idade dos entrevistados.

OPTE PELO ON-LINE

Não dispomos de muitas informações sobre reuniões individuais realizadas virtualmente. Primeiro, deixe-me observar que até o momento em minha pesquisa não encontrei consequências significativas sobre a eficácia de reuniões individuais presenciais em comparação com as on-line. Eu e minha equipe observamos que uma ligeira maioria dá preferência a reuniões individuais presenciais (55%), mas o nível de conforto com reuniões virtuais era muito elevado, indicando que não parece fazer diferença se a reunião individual é virtual ou presencial. Eis alguns dados coletados sobre os motivos para os entrevistados preferirem reuniões presenciais ou virtuais, respectivamente:

TEMAS E DEPOIMENTOS DE QUEM PREFERE REUNIÕES INDIVIDUAIS *PRESENCIAIS*	COMENTÁRIOS
A comunicação não verbal é mais rica e pessoal, e há mais privacidade.	"Frente a frente é mais pessoal, permite melhor comunicação, possibilita a comunicação não verbal."
Maior facilidade de foco e engajamento e menos distrações do que em reuniões virtuais.	"É mais fácil se distrair com e-mails quando é virtual. As reuniões individuais parecem mais focadas quando são presenciais."
Maior facilidade de compartilhar informações e documentos.	"É mais fácil compartilhar informação não digital."
Gera afinidade e consolida as relações.	"Gosto dos dois modelos, mas presencialmente temos mais capacidade de equilibrar proximidade e os negócios." "É mais fácil construir relacionamento e ter pequenas observações e conversas paralelas que nos humanizam quando estamos presencialmente. Isso pode ser feito de forma virtual, mas exige trabalho e atenção, e os gestores normalmente não têm tempo de tentar."

TEMAS E DEPOIMENTOS DE QUEM PREFERE REUNIÕES INDIVIDUAIS *VIRTUAIS*	COMENTÁRIOS
Mais fácil para compartilhar documentos.	"Meu trabalho é feito quase exclusivamente no computador, então é bom para compartilhar pastas e revisar em conjunto arquivos sobre os quais tenho dúvidas."
Preferência pelo trabalho remoto em geral, ou mora longe do outro participante da reunião.	"Prefiro trabalhar em casa. Nossas reuniões individuais foram muito produtivas on-line. Presencialmente também é bom, mas prefiro trabalhar virtualmente de modo geral." "O presencial não é praticável em uma organização global como a minha. Geralmente não estou localizado no mesmo estado do meu gestor."
Mais eficiente e direto ao ponto.	"Uso do tempo é mais eficiente e me sinto mais confortável."
Mais fácil para introvertidos se envolverem.	"Francamente, sou uma pessoa introvertida, e consigo falar mais livremente quando estou diante da câmera do que numa situação presencial. Frente a frente costumo guardar mais coisas para mim."

Gostaria de acrescentar que houve comentários sobre como as preferências por reuniões individuais virtuais ou presenciais dependem da natureza da conversa e do assunto tratado, com a sugestão de que questões mais profundas e importantes podem ser mais indicadas para conversas presenciais. Além disso, alguns funcionários juniores acharam que a reunião presencial poderia ser útil para o progresso e o desenvolvimento de suas carreiras. No geral, as reuniões virtuais possuem muitos aspectos positivos. Talvez não sejam o ideal para todas as situações, mas podem constituir a única opção para muita gente. Com base nos dados, se for possível no momento, opte pelas reuniões individuais presenciais. Mas, caso contrário, uma reunião virtual é uma ótima opção. Finalmente, é importante destacar que não se trata de uma situação excludente, como vemos por essa fala de um participante:

Eu preferiria uma mistura de reuniões virtuais numa espécie de proporção de cinco para um, em que nos conectamos sobretudo virtualmente, de modo que ocorram com mais periodicidade, já que ambos viajamos e somos muito ocupados. Em um almoço, caminhada ou café simplesmente somos levados a assuntos mais pessoais ou pensamentos aleatórios que não vêm à tona em uma reunião virtual mais efetiva e focada.

Considerando reuniões individuais virtuais, eis aqui dez dicas gerais sobre como extrair o máximo proveito de suas interações virtuais.

BOAS PRÁTICAS PARA REUNIÕES INDIVIDUAIS VIRTUAIS	
1. Teste seus equipamentos previamente para evitar contratempos.	6. Mantenha a câmera nivelada com seu rosto.
2. Evite tarefas paralelas para permanecer focado.	7. Desative a autovisualização para ter uma conversa mais natural.
3. Deixe a câmera aberta para estar mais presente.	8. Certifique-se de ter uma conexão estável.
4. Busque iluminação adequada para que a comunicação não verbal possa ser captada.	9. Limite as distrações.
5. Procure usar um fundo real (quando possível) para parecer mais natural.	10. Utilize ferramentas virtuais para promover engajamento e registrar a pauta da reunião.

PEÇA SUGESTÕES

Ao analisar esses dados sobre as preferências de local para reuniões, há uma clara variabilidade nos desejos a favor ou contra reuniões individuais em diferentes locais ou virtuais. Assim, é necessário ter uma conversa prévia e sondar onde seu subordinado se sente mais à vontade para realizar a reunião individual. As pessoas sabem o que apreciam ou não, ou talvez sejam indiferentes. Perguntar as preferências também ajuda a comunicar que a reunião está sendo planejada para o subordinado ficar à vontade. O segredo é escolher um local onde todo mundo sinta-se confortável, presente, psicologicamente seguro e livre de distrações para se concentrar inteiramente na reunião. Além disso, as reuniões individuais não precisam ser sempre no mesmo local. E você tampouco precisa mudar de lugar a cada ocasião. Mas sabemos que com o tempo é comum recair em rotinas e repetir procedimentos quase mecanicamente. Às vezes, é benéfico variar, mudando os locais das reuniões individuais para mantê-las com uma sensação de frescor.

PONTOS PRINCIPAIS

- **O ambiente importa.** O local escolhido para a reunião pode influenciar nossa produtividade. Certifique-se de que, onde quer que você decida realizar suas reuniões, o ambiente seja propício para sua eficácia. Privacidade, qualidade do ar, temperatura ambiente, níveis de ruído, distrações potenciais e até mesmo o clima (em reuniões ao ar livre) podem impactar negativamente sua reunião individual.
- **Escolha entre as opções de local.** Há locais tanto tradicionais como não tradicionais à sua escolha. Com base na pesquisa, escolhas tradicionais, como a sala do gestor ou uma sala de reuniões, são ótimas opções. Entretanto, também existem locais não tradicionais. Considere sair para uma reunião individual ao ar livre ou dirigir-se à cafeteria mais próxima. Apenas fique ciente dos prós e contras de cada lugar.
- **Descubra o que funciona, mas também varie de vez em quando.** Converse com cada subordinado para saber o que funciona para ele. Alguns funcionários preferem determinado tipo de lugar, enquanto outros farão reuniões melhores em espaços diferentes. O segredo é descobrir um meio-termo ideal. Independentemente disso, considere mudar de lugar de tempos em tempos. É uma forma de manter o frescor e evitar que as reuniões fiquem enfadonhas.

6. Perguntar como estão as coisas basta?

Não me incomodo de responder a perguntas bem pensadas.
Mas não acho muito animador responder a coisas do tipo:
"Se você fosse assaltado e tivesse um sabre de luz num
bolso e um chicote no outro, qual dos dois usaria?".
Harrison Ford

Este capítulo trata do que deve ser discutido e levantado numa reunião individual para estimular conversas ricas e significativas. Há muitas opções a considerar. Voltando ao título, meramente perguntar "como você está?" ou "como andam as coisas?" é capaz de trazer à tona questões e tópicos de muita importância. Frases assim podem suscitar todo tipo de diálogo construtivo, especialmente se as perguntas soarem como genuínas e sinceras para a outra pessoa. Entretanto, o principal problema com perguntas como essas é que geralmente evocam uma resposta apressada e automática ("está tudo bem", "tudo certo", "tudo indo" etc.). Elas não costumam inspirar grande consideração e reflexão. Porém, há um ajuste intrigante, alicerçado em pesquisas,[1] para fazer com que uma questão geral sobre o andamento do trabalho e da vida pessoal estimule reflexões mais profundas. Vejamos como fazer isso.

Você pergunta: "Reflita por um momento sobre sua vida e seu trabalho: com base nisso, como estão as coisas?" ou "Levando em consideração tudo que está acontecendo com você no momento, como andam as coisas?". O truque aqui é que o funcionário deve responder usando uma analogia com o semáforo ou uma escala de classificação de dez pontos. No primeiro caso, "verde" significa que está tudo bem, que a pessoa está feliz e tudo corre às mil maravilhas; "amarelo" significa que as coisas estão mais ou menos, com alguns problemas e certo estresse — ela está se virando, mas não sem dificuldades; "vermelho" indica que o subordinado tem preocupações, desafios e dificuldades significativas que precisam ser abordados. Uma estratégia alternativa é pedir a ele para usar um sistema de avaliação que vai de zero — muito mal — a dez — ótimo. Tanto um caso como o outro tendem a inspirar mais reflexão, e a resposta obtida lhe dará algo a explorar. Por exemplo: "Conte-me mais, o que está acontecendo para que você se sinta 'amarelo' ou 'mais para seis' hoje?". A franqueza e a profundidade adicionais são fundamentais para uma excelente reunião individual.

Assim, um bom e velho "como vai?" de fato está no cerne de uma excelente reunião individual. Mas só isso não basta para atingir o pleno potencial das reuniões individuais. Consideremos opções adicionais para diversificar a reunião e cobrir tópicos mais significativos. Na tentativa de ajudar nisso, entrevistei mais de 250 funcionários e lhes propus duas questões sobre quais seriam as melhores perguntas a serem feitas no entender deles. Após analisar o conteúdo das respostas, cinco temas principais emergiram. Eis os resultados:

QUAIS SÃO AS MELHORES PERGUNTAS QUE UM GESTOR DEVE FAZER?	QUAIS SÃO AS MELHORES PERGUNTAS QUE UM SUBORDINADO DEVE FAZER?
Como posso ajudar?	Como posso ajudar?
Como tem passado?/ Como andam as coisas?	Como estou me saindo?/ Qual feedback você pode me dar sobre tal assunto?
Está precisando de alguma coisa?	O que posso fazer por você? Há algo de que precisa?
Como posso te dar suporte?/ Quais recursos você está precisando?	O que devo priorizar?
Quais barreiras/obstáculos/desafios você tem enfrentado? Alguma coisa não está indo bem?	Como posso progredir na carreira?/ O que devo fazer para melhorar, crescer ou evoluir mais?

As questões indicadas são ótimas. Tocam numa variedade mais ampla de tópicos e, mais importante, oferecem ajuda, apoio e orientação à conversa. Há uma série maior de questões a considerar. Este capítulo delineia outras perguntas que podem ser feitas em reuniões individuais.

Obviamente, em uma única reunião individual há um limite para a quantidade de coisas que podem ser perguntadas. Entretanto, a elaboração de um rodízio periódico de diferentes questões para reuniões individuais gera conversas interessantes e abrangentes no decorrer do tempo. Algumas perguntas podem parecer adequadas para você e sua relação com o subordinado, enquanto outras, não — isso é totalmente normal. Pense nos exemplos a seguir como um imenso menu de opões a considerar. Além disso, adicionei uma lista de questões especiais para trabalhadores remotos, disponíveis na seção "Ferramentas" ao fim desta parte do livro.

Com algumas exceções, as questões estão de modo geral formuladas como coisas que você, na posição de gestor, pode perguntar. Mas, sem dúvida, da forma como estão ou com pequenos ajustes, a maioria delas também pode ser feita a você por seus funcionários, se assim quiserem. Deixe-me dar um exemplo:

Gestor:
Existe algum obstáculo ou dificuldade atrapalhando você? Posso ajudá-lo em algo?

Funcionário:
Tem algum conselho para me dar sobre qual a melhor forma de lidar com determinados obstáculos ou dificuldades?

CATEGORIAS DE QUESTÕES

Combinando as questões que preparei em minha pesquisa, junto com uma extensa revisão da literatura, surgiram seis categorias abrangentes, mas altamente interconectadas. Como observado antes, o ideal é selecionar perguntas de várias categorias para gerar conversas ricas e multifacetadas com o tempo.

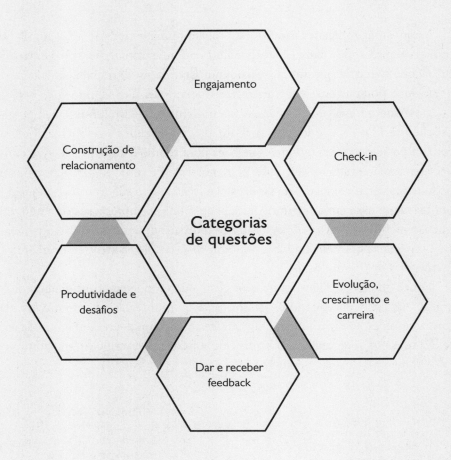

CONSTRUÇÃO DE RELACIONAMENTO

A criação de um relacionamento pessoal e profissional exige que ambos se conheçam para explorar interesses em comum e diferenças. A primeira coisa a fazer é aprender sobre o outro enquanto pessoa — quem ele é fora do ambiente de trabalho. O processo deve ser gradual, pois uma relação de confiança precisa de tempo para se desenvolver e facilitar a revelação de questões mais íntimas. Entretanto, permaneça o tempo todo na zona de conforto de seu subordinado. A segunda coisa consiste em descobrir as preferências dele em relação ao trabalho.

Parte 1: Conhecendo seu subordinado em um nível mais pessoal

- O que o deixa mais empolgado no momento, fora do trabalho?
- Quais são seus passatempos favoritos para relaxar? O que você está assistindo, lendo ou ouvindo ultimamente (podcasts/livros/música/filmes)?
- Qual a sua maneira favorita de passar um dia livre?
- Para onde você mais desejaria viajar atualmente?
- Como andam as coisas em sua vida pessoal?
- Há alguma coisa que gostaria de saber sobre mim?

Parte 2: Descobrindo as respectivas preferências quanto ao trabalho

- Pense no melhor chefe que já teve: o que você mais apreciava nele?
- Que coisas você aprecia ou não na gerência?
- De que maneira você gosta de organizar e/ou estruturar seu dia?
- O que leva você a se sentir valorizado após ter feito um bom trabalho?
- O que o motiva no trabalho?
- Quais são seus pontos fortes?
- Que tipo de ambiente de trabalho o ajudaria realizar seu pleno potencial?
- Quais são as coisas que mais o desagradam no local de trabalho?
- O que devo saber sobre você que mais me ajudaria a ser mais prestativo e lhe dar meu apoio?

ENGAJAMENTO

Promover e manter o engajamento do funcionário é um papel crucial para qualquer líder. Para isso, é importante compreender como determinado integrante da equipe se sente em relação a seu trabalho, seu cargo, suas tarefas diárias, além do que o motiva a permanecer na empresa e o que o levaria a pedir as contas.

Parte 1: Dia a dia

- De que parte do trabalho você menos gosta? Qual mais aprecia?
- Desde que começou nessa função, tem sido o que você esperava? Houve alguma surpresa boa ou ruim?
- Você sente propósito no seu trabalho? Caso não, que mudanças ajudariam nesse sentido?
- Existe algum aspecto em seu trabalho que gostaria de eliminar para conseguir se concentrar em responsabilidades mais importantes ou recompensadoras?
- Como você se sente em relação ao equilíbrio entre o trabalho e sua vida pessoal? Há algo que eu possa fazer para ajudar nisso?

Parte 2: Retenção de funcionários

- O que seria capaz de tornar este trabalho ou esta organização mais atraente para que você queira permanecer a longo prazo?
- Quais aspectos deste trabalho ou desta organização fazem você pensar em sair?
- Você sente que esta organização é um lugar onde pode crescer, evoluir e progredir?
- Que aspecto de outro trabalho ou organização poderia te fazer pensar em mudar de emprego?
- Que tipo de planejamento o manteria feliz e progredindo aqui?

Ao fazer perguntas para seus subordinados sobre retenção de funcionários e melhoras no ambiente de trabalho, tenha em mente que algumas sugestões deles podem estar além do seu controle. Por exemplo, a pessoa pode querer trabalhar de casa e isso pode ser inviável ou estar além do seu poder de decisão. Os subordinados podem ficar frustrados por não verem suas sugestões sendo implementadas. Para evitar isso, não prometa demais. Empenhe-se em concretizar seus desejos, mas forneça as explicações necessárias para que compreendam o que você pode ou não fazer e por quê.

CHECK-IN: TODOS NA MESMA PÁGINA

Esta categoria ajuda a compreender o fluxo das principais atividades do trabalho, compartilhar atualizações, dar follow-up ao plano de ação e, talvez o mais importante, garantir que haja alinhamento de prioridades entre o subordinado e você.

- Qual sua maior preocupação atual?
- Alguma atualização sobre as pendências discutidas em nossa última reunião?
- Existe alguma coisa em que esteja trabalhando no momento que eu não saiba, mas deveria saber?
- Repassemos as principais métricas de função/trabalho/meta/desempenho que estamos acompanhando. Como vão as coisas? Que suporte posso oferecer?
- O que ocorreu bem ou não em termos de trabalho para você nas últimas X semanas?
- Quais são suas prioridades para os próximos X dias? O que podemos fazer para ajudá-lo com isso?
- Conversamos sobre determinado assunto em sua última avaliação de desempenho/sessão de coaching: em que pé isso está?

Ao propor algumas das questões acima, tome cuidado para não parecer que se trata de microgerenciamento. Não queremos que o subordinado saia da reunião individual achando que tentamos controlar seu trabalho nos mínimos detalhes. O microgerenciamento pode prejudicar a relação profissional, reduzir o engajamento, comprometer o moral e diminuir a produtividade. Para evitar isso, faça perguntas espontâneas de outras áreas e focos. Tente não deixar a reunião focada exclusivamente em questões sobre o andamento do trabalho.

PRODUTIVIDADE E DESAFIOS

Um dos principais propósitos de uma reunião individual é oferecer estímulo e suporte — ajudar o subordinado a progredir. Para isso, você deve compreender os desafios que ele está enfrentando, os quais podem derivar de atribuições específicas da função, da própria equipe ou dos subordinados de seu subordinado direto.

Parte 1: Lidando com barreiras, obstáculos ou preocupações

- O que está atrapalhando ou impedindo seu progresso? Que ajuda/suporte posso fornecer?
- Seus papéis e responsabilidades estão claros? Há algo que eu possa esclarecer?
- Da última vez que conversamos, você afirmou que determinado assunto era um desafio para você. Como anda isso?
- Todo mundo enfrenta coisas que representam um desperdício de tempo no trabalho. No seu caso, quais são elas?
- Qual a melhor forma de prepará-lo para o sucesso?

Parte 2: Avaliando as percepções de sua equipe

- Como anda a cultura da equipe? Que oportunidades de melhora você vê?
- Os integrantes da equipe se comunicam prontamente entre si?
- Você se sente um integrante valorizado da equipe?
- A seu ver, o ambiente da equipe é inclusivo?
- Há alguma ajuda ou suporte que a equipe precisa?

Parte 3: Como vão as coisas com os subordinados de seus subordinados
(se aplicável a seu caso)

- Como vão as coisas com os integrantes de sua equipe/subordinados?
- Alguém tem se destacado? Existe algum problema com os integrantes da equipe que você gostaria de discutir?
- Você corre o risco de perder alguns dos funcionários com melhor desempenho?
- Posso fazer algo para ajudá-lo a gerenciar sua equipe?
- Há algo que eu deva saber sobre sua equipe?
- Há alguém com quem seria útil eu conversar?

DAR E RECEBER FEEDBACK

Reuniões individuais são a oportunidade ideal para comunicar e compartilhar feedback de maneira pessoal, focada e aprofundada. No coração disso está oferecer feedback (discutido em mais detalhes na parte 2 do livro), assim como reunir feedback sobre seu papel como gestor, suas reuniões e a organização como um todo.

Parte 1: Fornecendo feedback para os subordinados

- Eu lhe dou feedback suficiente? Meu feedback é útil? Caso não seja, como posso melhorar para ajudá-lo a progredir?
- Em que aspecto posso fornecer mais feedback/coaching? Pense numa atividade de trabalho ou em uma habilidade que está desenvolvendo para as quais gostaria de receber mais feedback.
- Que feedback posso compartilhar com você hoje que seria útil — há algum projeto particular, tarefas, habilidades sobre os quais gostaria de receber feedback nesse momento?
- Você sente que admito/reconheço o trabalho positivo que faz?

Parte 2: Comunicação organizacional para um integrante da equipe

- Você tem alguma pergunta sobre (*inserir algo que está acontecendo na empresa/equipe*)?
- Quais são seus pensamentos/reações sobre (*inserir algo que está acontecendo na empresa/equipe*)?
- Quero lhe contar sobre (*inserir algo que está acontecendo na empresa/ equipe*) para saber o que você acha e se tem algo a perguntar.

Parte 3: Recebendo feedback sobre seu desempenho como gestor

- Quero ser o melhor gestor possível. Como posso melhorar em... (*inserir tópicos como delegação de atribuições, comunicação, dinâmica de equipe, estabelecimento de prioridades etc.*)?
- Você gostaria de receber mais/menos orientação minha?

- Na sua opinião, o que considera que estou fazendo particularmente bem, ou não tão bem, como seu gestor?
- Acha que eu deveria ser informado sobre (*inserir tópicos como equipe, trabalho, organização etc.*)?
- Há algo que eu possa fazer de forma diferente para ajudá-lo ou ajudar outros integrantes da equipe?
- Se você realizasse um coaching comigo para me orientar a ser o melhor líder possível, que conselho me daria?

Parte 4: Recebendo feedback sobre suas reuniões

- A seu ver, temos poucas/muitas reuniões? Há alguma reunião que deveríamos cancelar, alterar ou fazer de forma diferente?
- Quais são suas considerações sobre nossas reuniões de equipe? Como podemos torná-las mais produtivas?
- Nossas reuniões individuais estão funcionando para você? O que precisamos começar/parar/continuar a fazer?
- O que você acha que correu bem ou não tão bem durante a última reunião?

Parte 5: Recebendo feedback sobre a empresa/equipe

- Na sua opinião, qual é a maior oportunidade para nossa empresa/equipe?
- Quais são nossos principais pontos fracos, riscos ou problemas enquanto empresa/equipe?
- Se você fosse o CEO, o que mudaria hoje mesmo?
- Quais são seus aspectos preferidos em nossa cultura enquanto organização/equipe? E os de que menos gosta?

EVOLUÇÃO, CRESCIMENTO E CARREIRA

Esta categoria trata da disposição em olhar adiante, explorar futuros caminhos e se esforçar para chegar lá. Ela vai além do trabalho no dia a dia, concentrando-se mais nas possibilidades de longo prazo e nas expectativas do subordinado.

- Em termos de carreira, onde você espera estar daqui a cinco ou dez anos?
- Fale-me sobre seus objetivos de longo prazo. Qual a melhor forma de ajudar você a alcançá-los?
- O que tanto eu como você podemos fazer para ajudá-lo a concretizar suas aspirações?
- Você sente que está progredindo nos objetivos de longo prazo que estabeleceu para si mesmo?
- Mencione duas ou três novas áreas de conhecimento e habilidades que gostaria de aprender neste trabalho.
- Há alguma coisa que não seja atribuição sua e na qual você gostaria de tomar parte?
- Existe alguém, dentro ou fora da empresa, com quem gostaria de aprender?
- Que progresso você obteve em relação às suas metas de carreira neste mês?
- Há outras partes do negócio sobre as quais gostaria de aprender mais ou com as quais gostaria de contribuir de alguma forma?
- Que tipo de papel/função você aspira a ter?

As questões acima estão formuladas genericamente, mas sem dúvida podem — e muitas vezes devem — ser mais especificadas para a função ou o cargo de seu subordinado. Eu encorajo você, líder, a adaptar e ajustar as perguntas de modo a soarem mais relevantes para você e seu subordinado e serem feitas com sua própria voz.

OBSERVAÇÕES E CONSIDERAÇÕES FINAIS

Uma rápida pesquisa no Google pode render outras questões para as reuniões individuais. O segredo é encontrar questões com as quais você se sinta à vontade e que sejam capazes de inspirar conversas frutíferas. Evite perguntas que levem o subordinado a simplesmente enumerar o que tem feito ou que passem a impressão de que você está interessado apenas em exercer controle e microgerenciamento (como, por exemplo, "No que você trabalhou esta semana?"). Inseri um checklist sobre erros comuns em questões de reunião individual nas "Ferramentas" ao fim desta parte do livro.

Algumas perguntas podem ser feitas com mais frequência (por exemplo, as questões da categoria "Check-in"), na medida em que provavelmente afetam a experiência cotidiana da organização, enquanto outras podem ser propostas com maior regularidade, embora não semanal nem quinzenal, já que se concentram mais no futuro (por exemplo, questões de "Evolução, crescimento e carreira"). Planeje uma ampla amostragem de questões ao longo do tempo para fazer com que as reuniões individuais sejam abrangentes e estimulantes para todos, mostrando-se atencioso durante o processo.

Certas perguntas também podem ser específicas do contexto. Por exemplo, se esta for sua primeira reunião individual com um integrante da equipe, recorra principalmente às categorias "Construção de relacionamento" e "Evolução, crescimento e carreira". Alternativamente, se você quer que a reunião individual se concentre em reter um subordinado que ameaça sair, recorra sobretudo às categorias "Evolução, crescimento e carreira", "Engajamento" e "Check-in".

Quero enfatizar que não existe uma fórmula mágica para as reuniões individuais, incluindo as perguntas feitas. Escolha o que funciona melhor para você, seu subordinado e sua relação com a equipe. Basicamente, encontrar as perguntas mais adequadas ao relacionamento e aos níveis de conforto e confiança é um processo de tentativa e erro. E lembre-se de que você é gestor do funcionário — não seu terapeuta. Posto isso, se necessário, sempre há a possibilidade de fazer um encaminhamento ao setor de recursos humanos, a um profissional de assistência para os funcionários, a um coaching externo etc. Não deixe de atentar também para o respeito a seus próprios limites e aos limites da relação entre vocês.

Finalmente, e talvez mais importante, o segredo para fazer perguntas que gerem conversas significativas é sinceridade e um interesse genuíno pelas respostas fornecidas — escutar com atenção, explorando o que é compartilhado e oferecendo apoio no que estiver a seu alcance. Sem isso, nem o melhor questionário do mundo resolve. No capítulo 9, discuto a forma mais eficiente de sondar as respostas fornecidas pelo funcionário e lhes dar o follow-up.

PONTOS PRINCIPAIS

- **Perguntar como estão as coisas não basta.** Perguntar isso dessa forma não é intelectualmente estimulante nem ajuda a propiciar conversas significativas. Embora não haja problema em fazer uma pergunta assim — especialmente considerando maneiras novas, como a do semáforo —, ela não deve ser a questão norteadora de suas reuniões individuais.
- **Muitas boas perguntas a considerar.** Proponha questões mais específicas em suas reuniões individuais para gerar conversas mais enriquecedoras. Selecione cuidadosamente dentre as seis categorias apresentadas: (1) Construção de relacionamento; (2) Engajamento; (3) Check-in; (4) Produtividade e desafios; (5) Dar e receber feedback; e (6) Evolução, crescimento e carreira. Pode ser complicado decidir quais questões utilizar em suas reuniões individuais considerando a quantidade de opções disponíveis. Pare por um momento, reflita sobre o que deve funcionar para sua situação e a da sua equipe e formule questões sob medida. Isso exigirá alguns preparativos, mas aumentará a eficácia de suas conversas individualizadas e demonstrará seu zelo, consideração e apoio aos subordinados.
- **Varie as perguntas que faz.** As opções de perguntas que sugerimos são uma ótima maneira de proporcionar profundidade e escopo a suas reuniões individuais. Evite fazer perguntas de uma única categoria. Além disso, certifique-se de alternar as questões específicas que faz ao longo do tempo. Isso ajudará a manter o frescor e o envolvimento das reuniões individuais, ao mesmo tempo cobrindo uma variedade de tópicos para dar suporte ao subordinado e ao trabalho e às necessidades dele, bem como para promover o relacionamento entre vocês.

7. Reuniões individuais precisam de pauta?

O principal critério para determinar quais questões serão discutidas é se elas são problemas que preocupam e incomodam o funcionário.
Andy Grove, ex-CEO e cofundador da Intel

Como vim a descobrir, a utilidade de uma pauta em reuniões individuais é um tópico de discórdia entre gestores, com alguns considerando-a como muito importante e outros, como um ônus desnecessário. E você, o que acha: com ou sem pauta?

Os dados existentes sobre essa questão podem surpreendê-lo. Ter uma pauta, algo que parece acontecer cerca de 50% das vezes de acordo com meus dados, criada antecipadamente ou no início da reunião, de fato estava associado a classificações mais positivas do valor da reunião individual. Curiosamente, o principal fator a considerar parece ser quem criou a pauta — o subordinado, o gestor ou ambos. As classificações do valor da reunião individual foram mais elevadas quando a pauta foi criada conjuntamente ou apenas pelo subordinado, e mais baixas quando a pauta foi criada exclusivamente pelo gestor. Esses resultados se alinham à ideia de que as reuniões individuais são em última análise voltadas ao integrante da equipe. Além do mais, o que fica claro em minhas entrevistas tanto com gestores como com subordinados é que as pessoas não estavam em busca de uma pauta extensa ou formal. Na verdade, queriam apenas algum tipo de plano a priori. Um planejamento, ainda que informal e comunicado no início da reunião, serve como aquecimento para a conversa e o foco. Analisando conjuntamente, os dados sugerem que as pautas são úteis, mas não precisam ser muito detalhadas nem altamente estruturadas para que a reunião individual seja eficaz. Na verdade, as pautas devem ser criadas de maneira a gerar um forte engajamento do subordinado e mapear algum tipo de rota adiante, preferencialmente de antemão, para fazer do tempo dedicado a uma reunião individual algo deliberado e significativo.

ITENS INICIAIS DA PAUTA

O primeiro item na pauta deve ser um bom facilitador da conversa. Não vá direto ao tema da reunião. Tirar cinco minutos para quebrar o gelo e saber como andam as coisas com o subordinado transmite a mensagem de que você se importa com a equipe e se interessa por eles como pessoas. Se o subordinado se sente à vontade, não há problema algum em falar sobre assuntos de fora do trabalho (contanto que mantendo o profissionalismo, claro). Nossa vida privada inevitavelmente afeta a profissional. Por exemplo, em uma de minhas entrevistas, o funcionário mencionou a ansiedade que sentia por ter de cuidar de uma pessoa idosa. Isso levou o gestor a ajudar o integrante da equipe a ajustar sua rotina de trabalho para atenuar seus conflitos de horário, aliviando em muito seu estresse. Embora relatos de sucesso como esse possam ocorrer, deixe que o subordinado indique até onde a conversa deve entrar no terreno pessoal. As palavras de um executivo da Boston Beer, fabricante da cerveja Sam Adams, captam perfeitamente como devem ser os primeiros itens da pauta: "Uma parte fundamental da reunião individual é conhecer verdadeiramente seu subordinado — como é sua história pessoal e, algo de maior relevância, o que o motiva. Isso nos permite desenvolver uma conexão efetiva com nosso pessoal. Essa ligação é superimportante".

Após estabelecer uma relação de confiança, pergunte algo ligado à última reunião individual (dando prosseguimento à discussão de algum problema, perguntando como determinada questão se resolveu etc.). Isso passa a mensagem categórica de que você leva essas reuniões a sério, de que estava escutando atentamente na última reunião e de que as reuniões individuais são interconectadas e servem de base umas para as outras. Pode ser algo muito motivador para o integrante da equipe e trazer reflexos positivos para você. É importante observar que não se trata de repassar inteiramente a mais recente reunião individual. O objetivo não é esse. Trata-se apenas de fazer um rápido resumo. Posto isso, se o subordinado deseja voltar a itens de reuniões anteriores, não há o menor problema.

O início da pauta seguinte pode focar em reconhecer as conquistas e em manifestar apreço e gratidão ao subordinado. Palavras gentis geram conforto, conexão e sensação de segurança e podem ajudar a conversa a pegar embalo. Considerando tudo isso, os primeiros itens da pauta devem ser como segue:

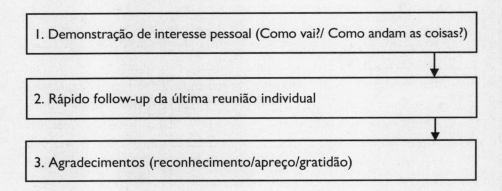

MODELOS DE ELABORAÇÃO DE PAUTA: DUAS ESTRATÉGIAS MAIS COMUNS

Estratégia da listagem

A pauta para a reunião individual pode ser montada de várias maneiras. No entanto, com base em minhas entrevistas, duas abordagens se destacaram com mais frequência. Ambas são leves e flexíveis. O modelo de elaboração de pauta para a essência da reunião individual, recebendo muitas críticas positivas, é chamado de *estratégia da listagem*. Consiste em você e o subordinado criarem separadamente uma lista de tópicos a serem discutidos. Depois, na reunião, o subordinado passa primeiro por sua própria lista, e a seguir é sua vez de dar sugestões. Para compreender melhor tal abordagem, fornecerei mais detalhes, divididos por seu papel na reunião individual.

Papel do funcionário. Encoraje seu subordinado a evitar a criação de uma simples enumeração exaustiva de itens de pauta. A lista dele deve conter tópicos e prioridades centrais com base em suas atuais necessidades. Deve integrar questões de trabalho táticas, além de questões mais de longo prazo, como um plano de carreira. Deve focar em todos os aspectos do momento presente, dos melhores aos piores, mas também tratar de questões mais para o futuro. A fim de estimular ideias, é possível pedir ao subordinado que reflita sobre uma gama de tópicos, já que o intuito não é ser uma mera reunião de atualização (mais sobre isso adiante):

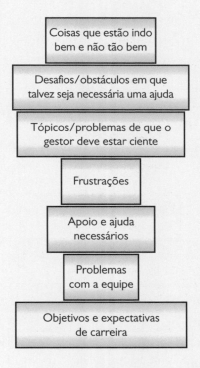

Esse processo não necessariamente vem com naturalidade para qualquer um. Tudo bem se o gestor compartilhar potenciais itens ou tópicos sugeridos com o funcionário, em especial no início da reunião individual. As sugestões podem ser assuntos triviais (por exemplo, "Eu adoraria saber mais sobre o que aconteceu com tal cliente") ou mais delicados ("Sei que você ficou muito frustrado com tal coisa, gostaria de dar prosseguimento a essa conversa") para preparar melhor o terreno sobre o que *pode* ser discutido. Tudo deve ser apresentado como tópicos *potenciais* para a consideração de seu subordinado. Você não quer que ele sinta que a reunião prioriza as suas necessidades. Aliás, por falar nisso, uma boa prática para o gestor e o funcionário é tomar notas por escrito durante a reunião individual, registrando potenciais tópicos e problemas que foram ou deveriam ser discutidos. Isso não só ajuda a lembrar das questões, como também atenua o viés de curto prazo ao elaborarmos uma pauta. Em termos gerais, há uma tremenda variabilidade no aspecto de uma lista, dada a diversidade de necessidades do subordinado.

Papel do gestor. Você provavelmente também tem uma lista de tópicos que gostaria de discutir. Sua lista pode conter tópicos delicados de momento ou mais de longo prazo. No entanto, o principal foco da reunião individual deve ser os tópicos da pauta do subordinado. Ainda assim, uma boa maneira de produzir uma lista é considerar o seguinte:

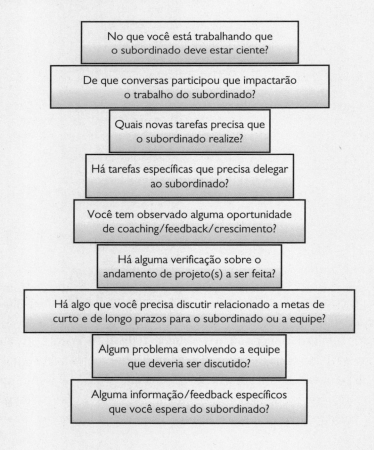

Embora os subordinados não precisem submeter sua lista de tópicos previamente, creio ser útil para o gestor compartilhar seus itens de pauta, ou parte deles, de antemão quando for relevante e possível. Isso pode ser feito com 24 a 48 horas de antecedência, ou até menos, se necessário. Tudo pode ser organizado por *bullet points*. O objetivo em compartilhar tal lista é evitar surpresas e, assim esperamos, ajudar a aliviar um pouco do nervosismo do subordinado antes da reunião individual. Eis abaixo uma sugestão de e-mail:

Temas de pauta para nosso 1:1 de quarta-feira   _ ⤢ ✕

enrica@company.com

Temas de pauta para nosso 1:1 de quarta-feira

Cara Enrica,

Estou ansiosa por nossa reunião individual na quarta-feira. Depois de passarmos pelos itens listados por você, gostaria de abordar o seguinte, caso dê tempo:

- Revisar uma mudança de processo em nosso sistema de monitoramento de clientes e responder a eventuais perguntas que você tenha.
- Discutir atualizações sobre o projeto de treinamento. Se puder me mostrar o que preparou, de modo que eu possa dar algum feedback, seria ótimo.
- Passar-lhe algumas habilidades e técnicas para lidar com clientes difíceis.
- Eu também adoraria saber como foi sua viagem para o Norte!

Não vejo a hora de realizarmos nossa reunião.

Obrigada,
Gloria
Gestora

Papel de ambas as partes. No início da reunião, reserve alguns minutos para repassar as listas de cada pauta individual e negociar um conjunto final de tópicos a serem discutidos. No processo de discutir listas, os dois lados podem remover alguns itens ou postergá-los para a reunião seguinte. Sem problemas. Em geral as listas estão bastante alinhadas. Quando não é o caso, a informação obtida é igualmente significativa. Na maioria das reuniões individuais, os itens do subordinado devem vir primeiro. Se não houver tempo para todos os seus tópicos, tudo bem. Sempre é possível você dar prosseguimento a eles mais tarde ou agendar outra reunião antes da próxima programada para cobrir seus tópicos, se estiverem sem tempo. Posto isso, normalmente você terá um momento para intercalar algumas de suas ideias durante a conversa com o funcionário sobre a lista dele. Mas isso só será aceitável se os seus tópicos se encaixarem bem no ritmo da conversa e não parecerem uma imposição de sua parte. Seja cuidadoso, porém, para que suas sugestões não dominem a reunião.

Seguindo essa abordagem para a elaboração de uma pauta de reunião, os principais pontos seriam:

1. Discutir ambas as listas e chegar a um acordo sobre o que cobrir (podem ser incluídos tópicos de ambas as listas, se ajudar).
2. Revisar a lista de tópicos principais do subordinado.
3. Revisar a sua lista de tópicos principais (caso o tempo permita).

Alguns gestores e subordinados realizam o passo 1 antes da reunião para permitir mais tempo para os passos 2 e 3 no decorrer dela.

Segunda estratégia: Abordar as questões centrais da agenda

Essa abordagem surgiu com bastante regularidade em minhas entrevistas, embora a da listagem fosse mais popular. Na estratégia de questões centrais, o gestor organiza a reunião individual fazendo uma série de perguntas simples que representam o conteúdo essencial da pauta. O subordinado responde como quiser e precisar. Assim, na verdade, quem controla a pauta e os rumos da reunião é ele. Você, enquanto gestor, está apenas fornecendo a estrutura geral, propiciando respostas com base em questões amplas. Seguem abaixo as perguntas centrais sugeridas com mais frequência em minhas conversas:

1. Há algum problema/preocupação/obstáculo/desafio sobre o qual você gostaria de falar?
2. Quais são suas prioridades atuais?
3. O que está caminhando bem? E o que não está?
4. Há alguma coisa que preciso saber ou compreender melhor?
5. Há algo em que eu possa ajudar ou lhe oferecer meu apoio?
6. Há alguma outra coisa sobre a qual você queira conversar? Pode ser uma questão presente ou futura, um problema geral ou específico.

Ciente dessas perguntas de antemão, o funcionário estará preparado para responder. Às vezes, ele pode até respondê-las antes da reunião por meio de um documento compartilhado. As perguntas indicadas eram questões essenciais comuns, mas você certamente pode inserir outras (ver capítulo 6), variando ao longo do tempo. Se mudar as questões essenciais, não deixe de informar todas as perguntas com antecedência, para o subordinado não ser pego desprevenido e também poder se preparar caso deseje.

Depois que as questões centrais são discutidas, a segunda parte da reunião consiste em você compartilhar sua lista de tópicos a serem discutidos. Novamente, assim como na estratégia de listagem mencionada, podem surgir momentos naturais e espontâneos para você intercalar suas questões durante as observações do subordinado. Apenas lembre-se de inicialmente priorizar o subordinado e suas necessidades.

A principal precaução nessa abordagem, bem como na da listagem dos itens essenciais da pauta, é que ela tende a privilegiar questões táticas imediatas e apagar incêndios, em vez de se voltar a questões de mais longo prazo, como um plano de carreira. Isso é problemático porque não queremos que a reunião individual caia na armadilha de se limitar a uma simples atualização de status. Antes de compartilhar soluções para essa armadilha, deixe-me explicar em mais detalhes o que quero dizer com isso.

A ARMADILHA DA ATUALIZAÇÃO DE STATUS

Tal armadilha ocorre quando as reuniões individuais assumem uma orientação de curto prazo altamente tática focada em atualizações de projetos e cronogramas. Quando acontece isso, fica difícil estabelecer uma relação de afinidade e confiança. Na verdade, quando as conversas não abordam questões como crescimento e desenvolvimento profissional, você pode involuntariamente prejudicar o engajamento de seus subordinados, uma vez que essas questões são importantes para a experiência geral deles. Além disso, de forma geral, o pleno potencial das reuniões individuais não será alcançado. Eis aqui uma ótima citação de um executivo da Warner Brothers que toca nessa questão:

A reunião individual pode ser tática, mas na realidade queremos ser estratégicos. Ou seja, aquilo em que estou trabalhando não deve ser uma mera lista de itens. Isso pode ser feito por outros meios. O que queremos é profundidade e conexão. As reuniões individuais precisam ser muito mais do que atualizações de status. Trata--se de estabelecer uma relação de confiança e criar ligações profundas ao mesmo tempo que se discute tópicos não relacionados à tarefa, como desenvolvimento profissional, iniciativas estratégicas e alinhamento.

ESTRATÉGIAS PARA PREVENIR A ARMADILHA DA ATUALIZAÇÃO DE STATUS

Embora seja fácil cair na armadilha da atualização de status, há certas maneiras de evitá-la. Nos parágrafos a seguir, destaco três abordagens para escapar dela e criar uma reunião individual equilibrada.

Estratégia 1: A abordagem dos minutos dedicados

Uma forma de evitar a armadilha da atualização de status é dedicar religiosamente de cinco a quinze minutos em cada reunião a algum tema não estratégico e orientado para o futuro. Por exemplo, faça ao subordinado uma série de perguntas sobre metas do plano de carreira ou oportunidades de desenvolvimento profissional. Esses minutos dedicados podem ser rotulados como a seção de "futuras questões" na pauta da reunião.

DATA DA REUNIÃO INDIVIDUAL	PORCENTAGEM DO TEMPO DISCUTINDO QUESTÕES DE CURTO PRAZO	PORCENTAGEM DO TEMPO DISCUTINDO QUESTÕES DE LONGO PRAZO
2 de janeiro	70%	30%
9 de janeiro	70%	30%
16 de janeiro	70%	30%
23 de janeiro	70%	30%
30 de janeiro	70%	30%

Podemos alternadamente incluir e excluir da pauta diferentes tópicos de longo prazo. Para isso, uma prática consiste em delinear e compartilhar um plano para a seção de questões futuras para, digamos, suas quatro reuniões individuais seguintes com um funcionário. Embora esse seja um planejamento experimental e certamente possa mudar, ajuda a assegurar que as reuniões cubram uma gama de tópicos ao longo do tempo. Tal abordagem também minimiza o risco de a reunião individual recair em um padrão previsível ou repetitivo. Não estou sugerindo que reuniões individuais não possam ter sobreposição de tópicos ou reintroduzi-los periodicamente, e sim que espero assegurar a cobertura de um leque completo de tópicos e questões ao longo do tempo. Eis um exemplo disso sendo posto em prática por um gestor:

Estratégia 2: A abordagem das reuniões dedicadas

Uma segunda abordagem é dedicar cerca de uma a cada quatro reuniões individuais (dependendo de sua frequência/periodicidade) para tratar em especial de tópicos de longo prazo. Certifique-se de periodicamente alternar também esses tópicos. Tal estratégia eleva a discussão das questões de longo prazo e garante sua aplicação. Vejamos como ficaria:

DATA DA REUNIÃO INDIVIDUAL	PORCENTAGEM DO TEMPO DISCUTINDO QUESTÕES DE CURTO PRAZO	PORCENTAGEM DO TEMPO DISCUTINDO QUESTÕES DE LONGO PRAZO
2 de janeiro	90%	10%
9 de janeiro	90%	10%
16 de janeiro	90%	10%
23 de janeiro	10%	90%
30 de janeiro	90%	10%

Estratégia 3: A abordagem de modelo

Considere o uso de um modelo de reunião formal que cubra tanto o conteúdo de curto prazo como o de longo prazo. O modelo pode fornecer uma estrutura para assegurar que a reunião individual seja equilibrada e abrangente. Inseri um modelo de pauta na seção "Ferramentas" deste livro para ser usado e alterado à vontade. Não conheço nenhuma pesquisa que examine os efeitos de usar modelos de reunião para a qualidade das reuniões individuais. Com base nas pesquisas por mim conduzidas, o uso de modelos talvez não seja muito alto devido ao elevado grau de estruturação que impõem. Mas é algo a considerar e claramente útil para promover a cobertura dos tópicos, bem como a consistência no momento e ao longo do tempo. No entanto, houve uma prática mencionada em minhas entrevistas que me intrigou. Após esboçar um modelo, o gestor o enviou para os subordinados antes da reunião e lhes pediu para adaptá-lo ou alterá-lo de forma a melhor servir a suas necessidades em encontros futuros. O modelo também foi transformado em documentos compartilhados do Google (um para cada subordinado). Desse modo, as atualizações poderiam ser feitas de maneira assíncrona entre uma reunião e outra para a visualização de ambas as partes. O documento compartilhado também pode servir como uma espécie de lista de tarefas para o plano de ação, bem como anotações ou atas da reunião.

De modo geral, fique atento à armadilha de atualização de status. Tente diferentes técnicas para evitar cair nela, de forma que você e seu subordinado possam extrair o máximo proveito das reuniões individuais e colher todos os seus frutos.

DEVEMOS MONITORAR AS MÉTRICAS COMO PARTE DA PAUTA?

Desempenho, produtividade, satisfação do cliente, erros de produção e outras métricas podem ser monitoradas nas reuniões individuais como um item de pauta. Em meu trabalho, não identifiquei que o monitoramento de métricas estivesse relacionado a percepções mais positivas sobre a efetividade da reunião individual. Perguntei a gestores e subordinados: "Acha que monitorar as métricas em uma reunião individual é uma boa abordagem?". Cerca de 40% afirmaram que sim, enquanto a maioria, 60%, não. Eis alguns comentários feitos pelos entrevistados:

OS QUE RESPONDERAM "SIM" (40%)	OS QUE RESPONDERAM NÃO (60%)
"Monitorar as métricas elimina a ambiguidade e nos prepara para agir futuramente."	"As métricas podem ser monitoradas com tecnologia; assim, fazer isso em uma reunião individual é desnecessário e uma perda de valioso tempo."
"Monitorar as métricas ou os marcos pode nos ajudar a manter as expectativas alinhadas."	"Elas tentam quantificar coisas que muitas vezes são difíceis de quantificar ou não levam um importante contexto em consideração. Além disso, põem os funcionários na berlinda e reforçam uma dinâmica de poder prejudicial, sem mencionar que não têm tanto impacto quanto a organização pensa."
"Reduz as surpresas caso as coisas corram melhor ou pior do que o planejado."	"Existem outros mecanismos para isso. Mas não vejo problema em usar o tempo da reunião individual para investigar o motivo por trás da métrica, especialmente se necessitamos de orientação sobre como reverter as coisas."
"Preciso do choque de realidade. Estou cumprindo o prometido? Não no sentido do quanto me esforcei nem de quais foram as circunstâncias, mas se entreguei independentemente do que aconteceu — esse é o valor que agrego."	"As métricas se concentram sobretudo em coisas relacionadas à geração de receita, algo que é bom para a empresa monitorar no agregado, mas em um nível individual soa como microgerenciamento. Além do mais, elas tendem a negligenciar os impactos das habilidades interpessoais, que não são bem identificados pelas métricas."
"O que é medido é feito. O que é revisado é feito corretamente. O que é importante para meu chefe me fascina."	"Isso torna as reuniões excessivamente táticas e menos focadas no crescimento/desenvolvimento."

Deixe-me compartilhar mais alguns dados interessantes sobre métricas. Eis o que os entrevistados responderam para "Com que frequência as métricas devem ser examinadas nas reuniões individuais?":

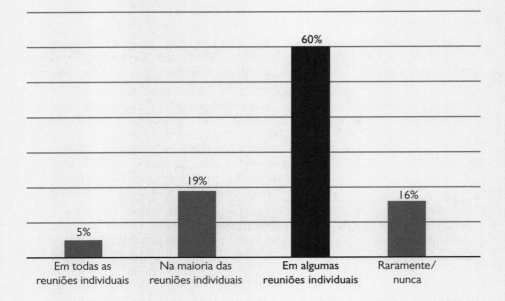

Com base nos dados acima, minhas conclusões são de que, se as métricas se encaixam bem no cargo (por exemplo, na função de vendas), monitore-as em algumas — mas não em todas — reuniões individuais. O monitoramento de métricas pode ser esclarecedor e útil às vezes, mas não equivale ao propósito de uma reunião individual. Mais importante, é absolutamente crucial verificar o que está por trás da métrica, o "porquê". Isso leva, assim, a uma discussão sobre como obter sucesso com os dados, barreiras e apoio necessário para o sucesso; é disso que a reunião individual de fato deve tratar. Além do mais, lembre-se de que o feedback deve levar em consideração o esforço empregado, não apenas os resultados, visto que um avanço nas métricas é geralmente impactado pelo contexto organizacional e ambiental mais amplo, não apenas pelo desempenho do funcionário.

Em suma, lembre-se do sábio ensinamento de Ken Blanchard e Garry Ridge: "Sua função enquanto gestor é ajudar seu pessoal a tirar 10, não simplesmente monitorar as notas".[1] Você ainda assim pode cobrar resultados de um funcionário que não esteja apresentando seu melhor desempenho, mas, em vez de usar a reunião individual como um momento para julgar e avaliar, concentre-se em enaltecê-lo no que foi bem-sucedido e em quais medidas e apoio podem melhorar suas métricas e seu futuro desempenho.

CONCLUINDO A PAUTA

Além de fazer isso com um sentimento de gratidão, apreço e positividade, o último item da pauta deve ser uma recapitulação: "Quais são os próximos passos para cada um de nós?". Deixe claras as expectativas para o plano de ação e seus respectivos prazos. Isso será discutido mais adiante no livro.

DEZ COMENTÁRIOS FINAIS SOBRE A PAUTA

1. Tente diferentes abordagens
- Descubra o que funciona melhor para você e para seus funcionários. Não há um único caminho correto aqui. Peça feedback para fazer constantes acertos, algo que pode mudar com o tempo.

2. Ajuste as abordagens de pauta para os diferentes subordinados
- Não há necessidade de usar uma mesma abordagem para todos os funcionários. Pessoas diferentes deverão esperar de você diferentes condutas. Consulte cada um para identificar a melhor maneira de realizar a elaboração da pauta. E não esqueça que os tópicos também podem ser muito informais. Não há problema nisso.

3. Ajuste a pauta com base em outras reuniões individuais
- Algumas organizações exigem que os gestores se reúnam trimestralmente com os integrantes de sua equipe para tratar de avaliação de desempenho e plano de carreira. Se esse for seu caso, há menos necessidade de incluir esses tópicos em suas reuniões individuais regulares — embora ainda devam ocorrer para apoiar esses esforços mais amplos.

4. Mantenha o foco no subordinado
- Evite ter muitos tópicos próprios na reunião, tirando tempo e foco do funcionário.

5. Conecte sua pauta a ações passadas
- Atente para uma eventual falta de coerência ou continuidade entre uma reunião e outra. Ao criar uma pauta, consulte a anterior. Repita o con-

teúdo onde for necessário fortalecer o foco, mas não deixe de acrescentar novo conteúdo para estimular outros caminhos e oportunidades.

6. Faça anotações depois da reunião

- Assim que a reunião individual terminar, anote algumas ideias para a próxima (por exemplo, itens que não foram abordados devido ao tempo, algum tópico sobre o qual dar follow-up etc.). Essas ideias ficarão mais claras após a reunião e constituirão a melhor maneira de se preparar para a reunião individual seguinte. Essas anotações também ajudarão uma reunião individual a complementar a outra e a pegar embalo.

7. Mantenha a leveza da reunião individual

- Neste livro há uma série de ótimas perguntas que podem ser utilizadas em reuniões individuais. Mas não se deixe contagiar, bombardeando a pessoa com questões, já que isso pode impedir que ocorra uma conversa boa e profunda.

8. Seja adaptável

- É necessário criar espaço para o subordinado ter uma conversa mais orgânica na reunião em si. Em outras palavras, tenha um plano, mas seja flexível. Não seja rígido. Tudo bem sair do roteiro! Não se preocupe em cobrir todos os itens da pauta: apenas toque nos itens mais prioritários e perceba que você pode deixar os demais para futuras conversas e reuniões.

9. Ajuste a periodicidade

- Quanto menos frequentes as reuniões individuais, maior a necessidade de estrutura. Ou seja, se você não tem um contato muito regular com seu subordinado, quando isso acontecer vai querer ter certeza de abordar de forma ampla e deliberada os principais tópicos.

10. Atente-se para as necessidades do subordinado

- Se a pessoa está demasiado focada em determinado item da pauta e não fala sobre outra coisa, não interrompa, pois claramente é uma questão que a está incomodando. Você pode abordar seus tópicos de outras maneiras, se necessário.

PONTOS PRINCIPAIS

- **Pautas promovem efetividade.** Ter ou não ter uma pauta em reuniões individuais é uma questão controversa, mas os dados apoiam seu uso. Embora a elaboração de uma (antes da reunião ou no início dela) demande algum tempo, as pautas podem tanto melhorar a efetividade das reuniões individuais quanto valorizá-las.
- **Os subordinados devem contribuir para a pauta.** Uma pauta promove a efetividade e o valor da reunião individual apenas se o subordinado contribui com ela. O gestor não deve elaborar uma pauta sozinho, e sim pedir sugestões do subordinado ou fazê-la junto com ele. Essa atitude assegura o alinhamento do que ambos discutirão na reunião, além de aumentar o foco no trabalho e nas necessidades do subordinado — o principal propósito dessas reuniões.
- **Os dois modelos de criação de pauta mais recomendados pelos gestores.** A estratégia de listagem requer que tanto você como seu subordinado elaborem uma lista de tópicos para discutir. Esses itens são então comparados e uma pauta final é criada. A abordagem da questão essencial, por outro lado, começa com uma lista de perguntas que os gestores propõem aos subordinados, e que são amplas o bastante para permitir que o subordinado assuma o controle do conteúdo da reunião. Independente de qual abordagem você utilizar, certifique-se de começar e encerrar as reuniões estabelecendo uma relação de confiança e criando um espaço psicologicamente seguro para se envolver de maneira plena.
- **Evite a armadilha da atualização de status.** Caímos nessa armadilha quando a reunião individual é focada em tópicos bastante táticos e de curto prazo — em essência, cobrando do subordinado uma atualização de status em toda reunião. Podemos evitar cair nela dedicando parte da reunião individual ou ocasionalmente ela toda a tópicos orientados para o futuro, ou integrando esses tópicos na pauta de reuniões por meio de um modelo.
- **Monitore as métricas (às vezes).** Métricas podem oferecer tanto a você como a seu subordinado uma percepção sobre como ele está se saindo. Entretanto, não convém monitorar as métricas em toda reunião individual, porque isso pode desviá-las de seu propósito e passar a sensação

de microgerenciamento. Na verdade, os dados sugerem que as métricas devem ser monitoradas apenas em certas reuniões individuais, se for apropriado para o cargo e se elas forem de fato algo que o funcionário pode controlar. Lembre-se de que é fundamental ir além e localizar o "porquê" das métricas, pois isso leva a uma discussão sobre a conquista do sucesso, as barreiras a ele e o apoio necessário para seu alcance.

FERRAMENTAS

Seis ferramentas são compartilhadas aqui para preparar o terreno para suas reuniões individuais:

1. Questionário para determinar suas habilidades gerais nas reuniões individuais
2. Questionário para determinar a frequência das reuniões individuais
3. Erros comuns em questões das reuniões individuais
4. Questões especiais para reuniões individuais com trabalhadores remotos
5. Modelo de pauta
6. Modelo de pauta com complementos

QUESTIONÁRIO PARA DETERMINAR SUAS HABILIDADES GERAIS NAS REUNIÕES INDIVIDUAIS

Esta ferramenta foi projetada para avaliar suas habilidades de reunião individual. Reflita sobre cada questão e responda honestamente. Faça esta avaliação periodicamente para mapear seu progresso no desenvolvimento de habilidades para as reuniões individuais.

Instruções

Reflita sobre todas suas reuniões individuais conduzidas, digamos, entre os últimos seis meses e um ano. Para cada pergunta, indique a porcentagem de tempo em que você realizou cada ação ou comportamento. Ao responder, pense em como seus subordinados responderiam, de modo a manter sua franqueza.

Questionário

EM SUAS REUNIÕES INDIVIDUAIS, COM QUE FREQUÊNCIA VOCÊ...	PORCENTAGEM (%)
1. Agenda as reuniões antecipadamente e de forma recorrente?	
2. Elabora uma pauta?	
3. Envolve os subordinados na elaboração da pauta?	
4. Relê as anotações das reuniões anteriores antes da reunião seguinte?	
5. Reagenda prontamente as reuniões canceladas?	
6. Inicia a reunião num tom positivo?	
7. Começa a reunião sem atrasos?	
8. Inicia a reunião com tópicos propostos pelos subordinados?	
9. Relê o plano de ação da reunião anterior?	
10. Escuta atentamente os subordinados durante as reuniões individuais?	
11. Parafraseia coisas que os subordinados dizem?	
12. Fala menos que os subordinados durante a reunião individual?	

EM SUAS REUNIÕES INDIVIDUAIS, COM QUE FREQUÊNCIA VOCÊ...	PORCENTAGEM (%)
13. Faz perguntas profundas e significativas?	
14. Ajusta-se ao que os subordinados querem conversar?	
15. Está presente de corpo e alma?	
16. Conversa sobre assuntos não relacionados a trabalho?	
17. Pergunta sobre o bem-estar dos subordinados.	
18. Lida com as barreiras oferecendo recursos/ajuda?	
19. Toma notas?	
20. Discute outros tópicos além das atualizações de status (por exemplo, tópicos de longo prazo)?	
21. Encerra a reunião na hora programada?	
22. Encerra a reunião com um plano de ação?	
23. Agradece os subordinados por seu tempo e empenho?	
24. Sintetiza o que foi discutido?	
25. Compartilha anotações sobre a reunião depois de encerrada?	
26. Contata os subordinados delineando ações posteriores à reunião?	
27. Obtém feedback dos subordinados sobre a reunião individual?	
28. Dá o follow-up de seu próprio plano de ação prometido?	
29. Dá o follow-up com os subordinados sobre seu plano de ação prometidos?	

Pontos e interpretação

No questionário, circule todos os valores iguais ou acima de 85% para cada linha. Depois, conte a quantidade de círculos feitos: essa é a sua pontuação.

Se você circulou...

- **26 a 29 (Excelente):** Ótimo trabalho! Conserve seus bons hábitos e experimente novas habilidades/ideias com base no que aprendeu neste livro.

- **20 a 25 (Existem oportunidades):** Você tem uma base sólida de habilidades em reuniões individuais, mas também conta com uma oportunidade clara para sobressair ainda mais.
- **Menos de 20 (Existem oportunidades significativas):** Você receberá uma tonelada de orientação deste livro para transformar essa pontuação em um 29!

QUESTIONÁRIO PARA DETERMINAR A FREQUÊNCIA DAS REUNIÕES INDIVIDUAIS

Preencha esta ferramenta de modo a identificar a periodicidade que funciona melhor para cada um de seus subordinados. Circule a resposta mais adequada para o subordinado em questão.

CATEGORIA	QUESTÃO
Trabalhador remoto versus presencial	Seu subordinado fica: 0) Principalmente no local de trabalho 1) 50% do tempo no local de trabalho e 50% fora 2) Principalmente fora do local de trabalho
Preferência do subordinado	Seu subordinado quer se reunir? 0) Não tenho certeza/ Não quer de modo nenhum 1) Às vezes 2) Com frequência
Experiência do subordinado	Para a função, seu subordinado é: 0) Experiente 1) Pouco experiente 2) Razoavelmente inexperiente
Tempo de serviço do subordinado	Há quanto tempo seu subordinado está na organização? 0) Cinco anos ou mais 1) Dois a quatro anos 2) Menos de um ano
Tempo de serviço do gestor	Há quanto tempo você gerencia seu subordinado? 0) Dois anos ou mais 1) De seis meses a dois anos 2) Menos de seis meses
Tamanho da equipe	Sua equipe é: 0) Grande (dez ou mais funcionários) 1) Média (entre cinco e nove funcionários) 2) Pequena (de um a quatro funcionários)
Reuniões semanais de equipe	Você realiza reuniões de equipe semanalmente? 0) Sim 1) Não
Pontuação total: _____	

Pontos e interpretação

Some todos seus pontos no questionário, depois marque sua pontuação no gráfico do termômetro abaixo e descubra qual é a frequência sugerida para seu subordinado. Não deixe de trabalhar junto com ele para verificar se essa frequência está adequada e realize regularmente novas avaliações. Em caso de dúvida, dê preferência à periodicidade mais utilizada.

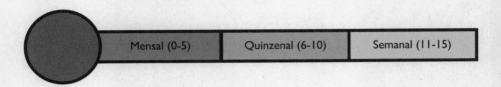

ERROS COMUNS EM QUESTÕES DAS REUNIÕES INDIVIDUAIS

Utilize esta ferramenta para se familiarizar com os tipos de questões que *não* devem ser trazidos em uma reunião individual.

ERROS COMUNS EM QUESTÕES	EXEMPLOS	UTILIZADA?
Perder-se demais em minúcias	Pode me contar em detalhes tudo o que fez esta semana?	[ ]
Ser excessivamente pessoal	Estou curioso, você vai à igreja?	[ ]
Fofocar	Você ficou sabendo o que [fulano] fez na semana passada?	[ ]
Desabafar e reclamar	Nosso CEO vive metendo os pés pelas mãos; você gosta dele?	[ ]
Focar exclusivamente em seu próprio trabalho	Podemos começar falando sobre o suporte que preciso em minha apresentação de vendas?	[ ]
Falar demais sobre outros integrantes da equipe	Como seus colegas estão se saindo no trabalho?	[ ]

QUESTÕES ESPECIAIS PARA REUNIÕES INDIVIDUAIS COM TRABALHADORES REMOTOS

A finalidade desta ferramenta é lhe oferecer questões particularmente relevantes para as reuniões individuais com trabalhadores remotos.

QUESTÕES PARA SUBORDINADOS REMOTOS	EXEMPLOS	UTILIZADA?
Transição para o trabalho remoto	• Como vai a transição para o trabalho remoto? • Precisa de alguma coisa para melhorar seu novo ambiente de trabalho remoto?	[ ]
Equilíbrio entre trabalho e vida pessoal	• Você consegue impor limites entre o trabalho e a vida particular quando está trabalhando remotamente?	[ ]
Benefícios do trabalho remoto	• Quais as melhores partes de trabalhar remotamente?	[ ]
Desafios do trabalho remoto	• Quais os aspectos mais desafiadores de trabalhar remotamente? • Como podemos lidar com eles?	[ ]
Apoio extra necessário	• Seu arranjo de trabalho remoto é o melhor possível? Caso não seja, o que poderia ser feito para melhorá-lo? • Você recebe todo apoio de que necessita? Caso não, o que podemos fazer para fornecê-lo?	[ ]
Conexão com a equipe	• Você se sente conectado à equipe ao trabalhar remotamente? • Há integrantes da equipe que você não conhece muito bem por trabalhar remotamente e com quem gostaria que eu o pusesse em maior contato?	[ ]
Inclusão na equipe	• Há algum aspecto em que nossa equipe poderia agir diferente para fazer com que você se sentisse mais incluído?	[ ]
Envolvimento na equipe	• Você sente que consegue expressar suas opiniões e pensamentos quando trabalha com a equipe?	[ ]

QUESTÕES PARA SUBORDINADOS REMOTOS	EXEMPLOS	UTILIZADA?
Plano de carreira	• Você sente que tem oportunidades suficientes para evoluir na carreira trabalhando remotamente? • Existe alguma área da equipe ou da organização sobre a qual gostaria de aprender mais, mas à qual não tem acesso?	[ ]

MODELO DE PAUTA

Fornecemos aqui um *possível* modelo de pauta para sua reunião individual. Você certamente pode usar qualquer estrutura que preferir, mas o modelo abaixo serve de ponto de partida. Se optar por esta abordagem, o modelo pode ser usado como documento impresso ou digital.

NOME DO SUBORDINADO:		
DATA E HORA:		
Principais metas e projetos	**Progresso atual**	**Resultados projetados e prazos**
Liste as metas e os principais projetos por ordem de prioridade.	*Escreva sobre o atual progresso em metas e projetos e qual seria o apoio necessário.*	*Anote as datas combinadas para manter seu subordinado no prazo.*

TÓPICO	ANOTAÇÕES
Dando início à reunião	*Anote os êxitos, o reconhecimento e os destaques, para começar com o pé direito.*
Revisão dos itens de reuniões prévias	*Registre os pontos discutidos e o progresso no plano de ação de reuniões prévias que precisam de follow-up. (Deixe em branco caso nenhum follow-up seja necessário.)*
Principais prioridades na reunião de hoje	*Faça uma lista com as maiores prioridades para você e seu subordinado cobrirem nesta reunião.*

Itens de pauta do subordinado	Anotações
Itens de pauta do subordinado listados por prioridade.	Tome notas sobre a reunião aqui.

Itens de pauta do gestor	Anotações
Itens de pauta do gestor listados por prioridade (caso o tempo permita).	Tome notas sobre a reunião aqui.

Tópicos de longo prazo (mensais)	Anotações
Registre os tópicos de longo prazo a serem discutidos, como plano de carreira, oportunidades de desenvolvimento e coaching.	Tome notas sobre a reunião aqui.

Plano de ação	
Gestor Lista de principais tarefas pelas quais você é responsável.	Subordinado Lista de principais tarefas pelas quais seu subordinado é responsável.

MODELO DE PAUTA COM COMPLEMENTOS

O conteúdo a seguir oferece algumas opções para complementar seu modelo de reunião individual com o tempo, conforme necessário.

TÓPICO	ANOTAÇÕES
Pontuação de bem-estar	*Classificação de 1 a 10 para o modo como seu subordinado está se sentindo em relação à própria vida profissional, discutida brevemente no início da reunião. Você pode ainda anexar uma opção de pontuação em torno de outros tópicos (por exemplo, a sensação de que estão agregando valor).*
ATUALIZAÇÃO SOBRE LACUNAS DE PERCEPÇÃO DO GESTOR	ANOTAÇÕES
O subordinado compartilha alguma informação nova sobre seu trabalho ou sua vida pessoal que o gestor deveria saber para descobrir a melhor forma de apoiá-lo.	*Tome notas sobre a reunião aqui.*
MONITOR DE MÉTRICAS	ANOTAÇÕES
Revisão das principais métricas (por exemplo, de desempenho) para os subordinados utilizarem de tempos em tempos.	*Tome notas sobre a reunião aqui.*
FEEDBACK PARA GESTORES	ANOTAÇÕES
Um lugar para seu subordinado compartilhar feedback sobre qualquer coisa, incluindo sua avaliação das reuniões individuais.	*Tome notas sobre a reunião aqui.*
	ANOTAÇÕES

MONITORAMENTO/ ALINHAMENTO/APOIO		
Principais metas e projetos	**Progresso atual**	**Resultados esperados e prazos**
Liste as metas e os principais projetos por ordem de prioridade.	*Anote o progresso atual em metas/projetos e que tipo de apoio pode ser necessário.*	*Anote as datas combinadas para manter seu subordinado no prazo.*

Parte II

Fazendo reuniões individuais

Nesta parte do livro, compartilho um modelo geral para conduzir reuniões individuais de modo que as necessidades dos subordinados sejam atendidas. Você será guiado pelos passos necessários para conduzir uma reunião individual eficaz do começo ao fim. Embora o líder desempenhe um papel fundamental como facilitador na reunião, o subordinado não é um mero receptor passivo. Os principais papéis e responsabilidades dos subordinados também são apresentados para maximizar o valor positivo e o impacto da experiência.

As reuniões individuais são uma tremenda oportunidade para construir conexão com sua equipe mediante conversas significativas e genuínas. Isso, por sua vez, é crucial para promover confiança, algo fundamental para o sucesso da equipe. Com confiança, a equipe pode atingir novas alturas e enfrentar os períodos desafiadores e difíceis.
Executivo da International Flavors

À medida que acolhemos a inevitabilidade do trabalho moderno, o papel da interação construtiva da reunião individual como blocos de construção para uma organização inclusiva e de alto desempenho é cada vez mais significativo. Qualquer executivo que não leve a reunião individual a sério está subaproveitando a capacidade de aprimorar o desempenho e a eficiência.
Executivo do Marriott International

8. Existe um modelo geral para conduzir reuniões individuais?

No mundo de Harry Potter, se queremos uma garantia de sucesso em qualquer coisa, podemos criar uma poção de *Felix Felicis* (também conhecida como "sorte líquida"). Para isso, seguimos um cuidadoso processo que envolve ovo de cinzal, bulbo de cila, tentáculos de murtisco, tintura de timo, casca de ovo de occami e arruda comum em pó. Em seguida, agite a varinha de determinadas maneiras, deixando a mistura ferver por algum tempo para que a poção fique pronta, e o sucesso estará praticamente garantido.

Infelizmente, no mundo das reuniões individuais não há uma fórmula única ou poção mágica que leve inevitavelmente ao sucesso. No entanto, de uma coisa sabemos com certeza: seja qual for o processo realizado, você, enquanto gestor, tem de atuar como orquestrador e facilitador, não como controlador (ou dementador, no caso). Na verdade, o maior indicador de valor da reunião individual que encontrei em minha pesquisa é a participação ativa do subordinado, medida pelo tempo que ele fala durante a reunião em relação ao tempo do gestor. O equilíbrio ideal parece ser que o subordinado fale de 50% a 90% do tempo. Embora isso seja ditado parcialmente pela pauta da reunião, o gestor deve evitar falar mais do que o subordinado. Não é tão fácil quanto parece, dadas as pesquisas mostrando que falar sobre si mesmo ativa as mesmas áreas cerebrais do sexo e da boa comida — falamos sobre nós mesmos porque achamos a sensação agradável. Mas procure resistir à tentação. Faça isso por seu subordinado, ele ficará agradecido, enquanto você, gestor, pode se ocupar de ser um ótimo facilitador de processos e envolver-se mais profundamente com as informações que o subordinado estiver transmitindo.

Permita-me mostrar como isso pode funcionar. Observe que este capítulo está apenas preparando uma abordagem para a reunião individual. O objetivo aqui é, primeiro, apresentá-lo a uma visão geral do processo, de modo que você possa ter uma ideia mais ampla. Os demais capítulos desta parte vão esmiuçar todos os elementos e fornecer os detalhes de que você precisará para ter sucesso. Espero que a visão geral ajude a contextualizar os capítulos subsequentes.

UM PROCESSO DE REUNIÃO INDIVIDUAL INTEGRADO

O modelo de reunião individual descrito neste livro combina perspectivas e abordagens defendidas na literatura relativa a comunicação, coaching, facilitação, mentoria, reuniões e negociação. Para entender o modelo, convém saber quais são seus objetivos originais e com que finalidade foi concebido. Quero prestar um reconhecimento aqui à excelente pesquisa da dra. Tacy Byham.[1] Ela fez um excelente trabalho em destacar os dois tipos de necessidade a serem atendidos em um processo bem-sucedido de reunião individual — a saber, de que a reunião deve ser voltada às necessidades práticas e pessoais dos subordinados. As necessidades práticas são de natureza mais tática. Elas podem variar amplamente, mas, em última análise, dizem respeito a promover o trabalho, as carreiras, os projetos, o alinhamento e a determinação de prioridades. As necessidades pessoais dizem respeito a como um integrante da equipe *se sente* ao deixar uma reunião individual — sua necessidade de sentir que inspira confiança, respeito, inclusão e assim por diante. A figura a seguir exemplifica esses dois conjuntos de necessidades.

O processo de reuniões individuais ideal equilibra esses dois conjuntos. O atendimento das necessidades práticas acompanhado do fracasso em atender às necessidades pessoais perturba esse equilíbrio e, em última instância, resulta em prejuízo. É como fabricar um ótimo produto e oferecer um péssimo serviço. Da mesma forma, atender às necessidades pessoais mas fracassar em atender às práticas também traz prejuízo — é análogo a ter um ótimo serviço e um péssimo produto. Podemos nos perguntar se alguns conjuntos de necessidades são mais importantes de serem atendidos do que outros. Uma

Necessidades práticas	Necessidades pessoais
Planejar como abordar uma tarefa/um problema	Sentir-se incluído
Desenvolver uma solução ou solucionar um problema	Sentir-se respeitado, valorizado, digno de confiança
Desenvolver uma estratégia de crescimento e desenvolvimento	Sentir-se escutado e compreendido
Chegar a uma decisão	Sentir-se apoiado e em um ambiente psicologicamente seguro

resposta possível para isso é encontrada na literatura sobre liderança. Dois conjuntos de comportamentos gerais de líderes foram extensamente pesquisados: comportamentos de estruturação inicial (orientados para as tarefas) e comportamentos de consideração (orientados para as relações interpessoais).

Os comportamentos de estruturação inicial dizem respeito à comunicação de responsabilidades, facilitação de conclusão de tarefas e metas, esclarecimento de papéis e atribuições e assim por diante. Não é muito diferente dos comportamentos associados ao atendimento das necessidades práticas dos subordinados. Os comportamentos de consideração, por sua vez, referem-se ao grau em que um líder demonstra preocupação, respeito e apoio ao bem-estar dos subordinados. É muito similar aos comportamentos associados a atender às necessidades pessoais dos integrantes da equipe. A pesquisa revela que os comportamentos de estruturação inicial estão associados ao desempenho do líder no trabalho e ao desempenho do grupo, ao passo que os comportamentos de consideração estão associados à satisfação com o líder. Além do mais, tanto a estruturação inicial quanto a consideração estão relacionados à motivação dos subordinados, bem como às percepções gerais da eficácia do líder.[2] Assim, comportamentos destinados a atender às necessidades pessoais e práticas são igualmente cruciais, sendo o atendimento das primeiras, talvez, ainda mais importante.

Como assegurar que as necessidades pessoais sejam atendidas na reunião individual será um tópico discutido extensamente no próximo capítulo, mas a seguir listo os principais comportamentos exigidos para isso:

1. Escutar e responder com empatia
2. Transmitir autenticidade e transparência
3. Envolver adequadamente os subordinados
4. Ser gentil e solidário
5. Demonstrar a vulnerabilidade adequada

Todos esses comportamentos dizem respeito ao processo e à abordagem subjacentes às etapas operacionais das reuniões individuais. Valendo-se da analogia mencionada anteriormente, eles têm a ver mais com o "serviço" oferecido do que com o produto ou resultado. A seguir, há as etapas operacionais. Elas são análogas à estrutura de uma casa. Constituem a estrutura da reunião individual. Tais etapas são discutidas de maneira mais extensa no capítulo 10, mas apresentam os seguintes componentes essenciais:

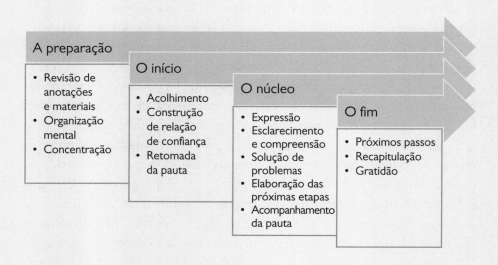

TOMANDO NOTA

Um elemento final do modelo de reunião individual são as anotações feitas pelos participantes. As anotações captam as principais conclusões e ações, a essência das conversas e os tópicos discutidos nas reuniões individuais; as oportunidades de desenvolvimento e as preocupações com desempenho; seus comentários e observações particulares sobre os tópicos. Tomar nota nessas reuniões diminui significativamente a probabilidade de você esquecer ou deixar escapar algo importante. As anotações também lhe permitem perceber e acompanhar as mudanças ao longo do tempo (por exemplo, de tópicos, preocupações e problemas discutidos). Tomar nota também ajuda os dois lados a organizar as ações que ambos concordaram em realizar. Além do mais, um aspecto fundamental da preparação é revisar as anotações anteriores. Assim, sem boas anotações, a preparação é prejudicada. Por fim, a pesquisa revela que, quando tomamos notas, nosso cérebro organiza melhor a informação que escutamos e a registra melhor em nossa memória. Posto isso, não convém exagerar nas anotações, uma vez que isso pode servir como distração durante a reunião e nos impedir de estar totalmente presentes. O objetivo não é registrar *tudo* que foi conversado, mas captar os principais pontos e ações.

Embora certamente seja possível tomar notas para registrar o conteúdo da reunião usando um notebook ou um aplicativo em seu celular, sou particularmente inclinado pelos tradicionais papel e caneta. Tenho dois motivos para isso. Primeiro, essa abordagem evidencia que estamos prestando atenção, e não cedendo ao modo multitarefas. Segundo, se a sua reunião individual for presencial, não há telas se interpondo entre você e seu funcionário, o que intensifica a presença individual. Uma dica, caso você prefira uma cópia digital: algumas pessoas optam por organizar suas anotações ao fim da reunião, facilitando o trabalho de arquivar, organizar e compartilhar.

Considerando tudo isso, o modelo geral de reunião individual que será explorado nos próximos capítulos é o seguinte:

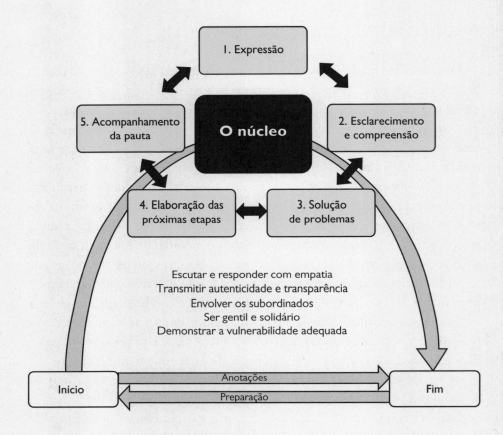

UMA ETAPA OPCIONAL DO PROCESSO

De forma periódica e opcional, uma etapa extra pode ser acrescentada um pouco antes da parte final da reunião: *a solicitação de feedback para o gestor*. Esse passo possui uma dinâmica bem diferente, por isso vale a pena destacá-lo. Trata-se de uma etapa no processo da reunião individual voltada exclusivamente para o líder, algo que de certa forma vai contra os objetivos gerais da reunião individual. Entretanto, o funcionário ainda assim pode se beneficiar disso se você utilizar o feedback para realizar mudanças positivas.

Nesta etapa, solicite feedback do funcionário quanto a seu comportamento e ações como gestor. Perguntas específicas normalmente são mais fáceis de serem respondidas pelo subordinado do que questões amplas do tipo "Como estou me saindo como seu gestor?". Deixe-me reiterar algumas perguntas específicas que apresentei no capítulo 6 e acrescentar algumas outras que possam ajudá-lo a obter um feedback significativo:

- Quero ser o melhor gestor possível. Como posso melhorar em... (*inserir tópicos como delegação de atribuições, condução das reuniões, comunicação, dinâmica de equipe, estabelecimento de prioridades etc.*)?
- Se você realizasse um coaching comigo para me orientar a ser o melhor líder possível, que conselho me daria?
- Pode me apontar algo que eu deveria começar a fazer, parar de fazer ou continuar fazendo?
- Existe algo em particular a ser feito por mim que, a seu ver, me ajudaria a ser um gestor melhor?
- Há alguma coisa que eu possa fazer para tornar a equipe mais unida?
- O que posso fazer de forma diferente para lidar com... (*inserir o problema*)?
- Há algo que eu possa fazer diferente na forma de me comunicar com a equipe?

Lembre-se: não é fácil para o subordinado oferecer feedback a um superior, mesmo quando solicitado. Portanto, é fundamental reforçar e recompensar imediatamente os funcionários por fazerem isso. Após solicitar o feedback e assimilar o que tinham a dizer, dê um follow-up expressando gratidão e apreço pela transparência. Se espera continuar a receber feedback, não deixe de recompensá-los. Aliás, nem sempre é necessário responder ao feedback imediatamente: você pode agradecer ao subordinado pela franqueza e deixar para refletir depois.

Em seguida, se for pertinente, demonstre que escutou e que está realizando as mudanças necessárias, mesmo que em pequenos passos. Nos capítulos 12 e 13 falo mais sobre iniciar a mudança de comportamento. Mas, para isso, você precisa primeiro concordar com o feedback. Assim, fica a questão: e se você *discordar*? De todo modo, é importante agradecer ao subordinado pela coragem em compartilhar seus pensamentos. Comunique a ele que vai refletir sobre seus comentários e considerar o que seria razoável pôr em prática. Depois, se necessário, tente agendar uma reunião de follow-up para discutir pontos discordantes entre ambos e os eventuais motivos de não ser possível implementar suas sugestões (ou parte delas). É fundamental que, se algo não o agradar, você jamais descarregue sua raiva no subordinado. Na verdade, faça o inverso. Agradeça a ele pelas críticas.

Acrescento que, caso você desconfie de que os integrantes da equipe não se sentem à vontade para fornecer feedback (algo que faz todo sentido, dada a dinâmica de poder), experimente a técnica do feedforward discutida no capítulo 11. O feedforward, criado pelo coach Marshall Goldsmith, é voltado a futuros comportamentos, em vez de focar nos erros passados. Ao fazer isso, é mais fácil para o subordinado comunicar suas observações. Basicamente, trata-se de uma abordagem em que declaramos uma meta de evolução para nós mesmos, como delegar tarefas de um jeito melhor. Então pedimos aos integrantes da equipe para fornecer sugestões sobre como líderes em geral podem sobressair nesse quesito. Dessa forma, o feedforward é uma ferramenta que não faz juízo de valores, foca no futuro e alivia a pressão, uma vez que a conversa não se baseia em discutir observações ou comportamentos problemáticos reais.

No fim das contas, a busca por feedback demonstra nosso compromisso em sermos líderes melhores e nos aprimorarmos em nossa área de crescimento. Ao mesmo tempo, saber que o superior está aberto a aprender sobre suas áreas de crescimento e de potencial aperfeiçoamento não só facilita que os funcionários forneçam feedback como tende a facilitar que o gestor faça o mesmo quando for relevante. Um estudo com 51896 profissionais em posição de liderança mostra que pedir feedback faz o líder ser percebido como mais forte.[3] Embora a reunião individual se destine aos subordinados, esse é um ótimo exemplo de como elas servem para aperfeiçoar também o gestor.

PONTOS PRINCIPAIS

- **Necessidades práticas versus pessoais.** Necessidades práticas são táticas, focando em como os subordinados podem ter êxito na realização de seu trabalho e progredir em sua carreira. Necessidades pessoais são relacionais e focam no sentimento dos subordinados ao fim de uma reunião individual (por exemplo, se sentem que são incluídos, ouvidos, valorizados, respeitados, apoiados ou que inspiram confiança). Ambas são necessárias para uma reunião individual efetiva. O segredo é encontrar um equilíbrio entre as duas em suas reuniões.

- **Um modelo integrado.** Embora não haja uma fórmula mágica para conduzir reuniões individuais eficazes, existe um modelo geral que podemos usar. Quatro estágios, que serão discutidos com mais detalhes nos capítulos seguintes, incorporam esse modelo: preparação, início, núcleo e fim. A estrutura do modelo — junto com as questões a serem perguntadas que foram previamente discutidas — ajuda a abordar as necessidades práticas dos subordinados. Mediante cada etapa, os gestores devem também adotar os cinco principais comportamentos relacionais mencionados anteriormente (por exemplo, "escutar e responder com empatia") para atender às necessidades pessoais dos subordinados. Quando combinadas essas etapas, esse modelo integrado pode apoiar a eficácia de suas reuniões individuais.
- **Tomar notas ajuda.** Fazer anotações durante a reunião individual contribui para a atribuição de responsabilidades e constitui uma documentação para aumentar a efetividade de sua reunião individual. Também nos ajuda a organizar melhor o que é discutido, bem como aumenta as chances de não deixarmos escapar nada. As anotações também permitem dar um follow-up nos itens de ação ou cobrir tópicos não discutidos. Quando feitas com regularidade, as anotações geram embalo de uma reunião para outra, permitindo que se complementem.
- **Solicite feedback.** Embora essa etapa do processo seja opcional, pedir feedback periodicamente a seus subordinados pode valorizar ainda mais suas reuniões individuais. Além disso, passa uma mensagem enfática de que você aspira a ser o melhor gestor possível. Caso peça feedback, sempre escute atentamente, responda com gratidão e explique onde haverá ou não mudanças (e por quê).

9. O que fazer para atender às necessidades pessoais de um funcionário?

Há não muito tempo, crianças trabalhavam em fábricas por longas horas. Há não muito tempo, o trabalho podia ser legalmente realizado em ambientes tóxicos e insalubres. Há não muito tempo, o patrão podia demitir alguém por gravidez ou deficiência física. Na verdade, há pouco mais de cem anos, a ideia de um departamento de recursos humanos em uma empresa era vista com grande ceticismo. Hoje, é amplamente admitido que melhorar o bem-estar das pessoas no local de trabalho não só é a coisa certa a fazer como também constitui um imperativo dos negócios — sabemos que os sentimentos do trabalhador em relação ao emprego e ao empregador afetam o serviço de atendimento ao cliente, a produtividade, a solidariedade com os colegas, a segurança no ambiente de trabalho, o trabalho em equipe, a inovação e a retenção de funcionários e influenciam até o balanço financeiro da organização. Por exemplo, empresas cujos funcionários relatam um nível mais elevado de segurança psicológica (a sensação de que podemos nos manifestar livremente e nos envolver com o trabalho sem receio de ser humilhados ou punidos) mostram melhor desempenho financeiro.[1] Embora os sentimentos, emoções e atitudes em relação ao trabalho e à organização sejam influenciados por muitos fatores diferentes, a reunião individual exerce um papel fundamental, dado seu foco em atender às necessidades práticas do subordinado. Entretanto, algo que é de relevância crucial nestes capítulos, a reunião individual também atende às necessidades pessoais do integrante da equipe (por exemplo, sentir-se respeitado e incluído).

Para descobrir a melhor forma de abordar as necessidades pessoais, primeiro sondei os subordinados e gestores sobre o assunto. Em seguida, consultei a pesquisa publicada. Por exemplo, um estudo identificou que sentir-se escutado pelo líder estava associado a uma sensação ampliada de segurança psicológica.[2] Integrando meus dados com essa pesquisa, cinco categorias inter-relacionadas de comportamentos apareceram como fundamentais para promover a satisfação das necessidades pessoais:

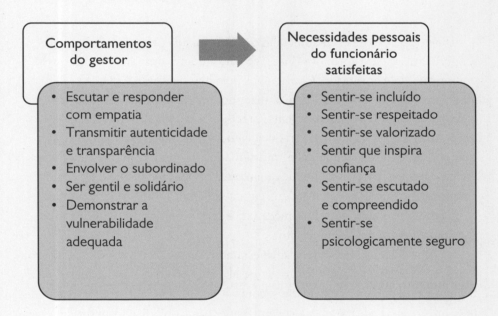

ESCUTAR E RESPONDER COM EMPATIA

As palavras de duas pessoas muito diferentes ilustram a essência dessa categoria comportamental:

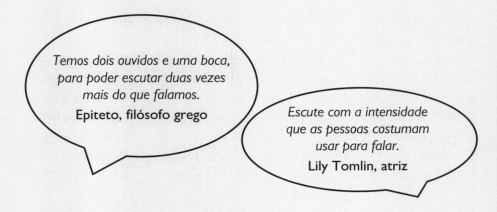

Temos dois ouvidos e uma boca, para poder escutar duas vezes mais do que falamos.
Epiteto, filósofo grego

Escute com a intensidade que as pessoas costumam usar para falar.
Lily Tomlin, atriz

Quando a ação de escutar alguém é acompanhada pela empatia, a conversa é significativamente aprimorada e serve para ajudar o outro a se sentir ouvido, compreendido e enxergado. Comecemos pelo que significa escutar. Escute para absorver o que o subordinado está dizendo, não para pensar no que você vai responder. Para escutar efetivamente, precisamos eliminar as distrações. Mas há um tipo de distração que em geral negligenciamos: as internas. Foi descoberto que pensamos numa velocidade muito maior do que normalmente falamos. Nessas circunstâncias, a mente de quem ouve divaga com facilidade por outros assuntos. Para atenuar isso, concentre toda sua atenção no que está sendo dito e, quando seus pensamentos começarem a entrar em digressão, redirecione o foco para a conversa do momento.

Há ótimas técnicas para revelar se estamos escutando ativamente. Primeiro, tente repetir o que a pessoa fala, dizendo algo como "O que estou ouvindo é...". Segundo, faça perguntas elucidativas, como "Quando você afirma tal coisa, o que quer dizer?" ou "Pode me ajudar a compreender o que quis dizer com isso?". O uso de perguntas abertas como essas para sondar a situação nos ajuda a compreender melhor o que a outra pessoa está expressando. Além do mais, provavelmente as respostas fornecidas suscitarão perguntas adicionais, e essa é a finalidade do engajamento deliberado como ouvinte. O objetivo de usar essa técnica é gerar uma compreensão da situação e, uma vez obtida a clareza, as perguntas podem cessar.

A parte da empatia nessa equação pode ser um pouco mais desafiadora. Quando recorremos à empatia, tentamos enxergar as coisas da perspectiva da outra pessoa. Nós nos colocamos "na pele dela" para compreendê-la melhor e ficarmos conectados com seus sentimentos — não apenas com a situação que ela descreve. Embora as emoções muitas vezes possam ser inferidas com base na linguagem corporal, no tom de voz e na intensidade do que está sendo dito, podemos certamente fazer perguntas ao subordinado (por exemplo: "Como você se sente em relação a tal coisa?"), a fim de compreender melhor as emoções por trás de seus comentários. Mais provavelmente, porém, as emoções ficarão evidenciadas conforme a pessoa fala. Nesses momentos, devemos reconhecer tais sentimentos, dizendo coisas como "parece mesmo bem difícil", "lamento saber disso", "deve ter sido bem complicado", "entendo o motivo de sua frustração" etc. Também podemos manifestar nossa empatia compartilhando como nos sentimos sobre o que acabamos de escutar (por exemplo: "puxa, fico triste em saber disso!"). O segredo aqui é ser genuíno e manter a mente aberta para as "verdades" alheias sem fazer juízo de valores. Caso contrário, o integrante da equipe pode achar que está sendo tratado com condescendência.

Após obter uma melhor compreensão e conexão com as palavras de seu subordinado, expresse sua gratidão dizendo como você se sente ("Obrigado por compartilhar o que pensa, significa muito para mim"). Também é possível manifestar apoio — sobre o qual falaremos mais adiante — com perguntas do tipo "O que posso fazer para mostrar que estou à sua disposição?". Lembre-se de que empatia não significa concordar, e sim demonstrar que compreendemos completamente a situação e a experiência vividas pelo funcionário.

SEJA AUTÊNTICO E TRANSPARENTE

A comunicação é tudo numa reunião individual. Comunicar-se bem é essencial para atender às necessidades pessoais do subordinado. No coração dessa ampla categoria de comportamentos está a importância de fornecer efetivamente um feedback tão positivo quanto construtivo para os membros de sua equipe. Ou seja, eles devem compreender suas expectativas e se manter continuamente atentos para saber o que estão interpretando de forma correta e no que precisam melhorar. Parece fácil, mas, na prática, não é. Por exemplo, em um estudo global com novecentos funcionários, 72% dos participantes afirmaram que seu gestor não fornecia um feedback crítico, por mais que quisessem.[3] Isso está de acordo com uma atual pesquisa sobre como os gestores relutam em oferecer feedback construtivo para seus subordinados.[4]

Está curioso em saber como todos esses resultados se aplicam às diferentes gerações? Uma pesquisa sugere que indivíduos de todos os grupos geracionais estudados (baby boomers, geração X e millennials) mostraram-se abertos tanto ao feedback positivo como (principalmente) ao construtivo. Em geral, ao contrário dos estereótipos convencionais, quanto mais velho o entrevistado, maior o desejo de feedback — tanto positivo como construtivo.[5]

Pesquisas anteriores sugerem que a relutância em oferecer feedback construtivo se deve ao fato de os gestores estarem preocupados com as consequências interpessoais negativas que isso pode ter.[6] Além do mais, os gestores não se sentem motivados para empreender o esforço exigido em fornecer um feedback construtivo — especialmente com esses potenciais efeitos negativos.[7] No entanto, parece que a razão mais comum para a falta de feedback é que os líderes subestimam o valor que ele pode ter para seus subordinados.[8] Esses três motivos criam um círculo vicioso de ausência de feedback — problema que pode ser corrigido com as reuniões individuais.

Antes de oferecer feedback, verifique se seu comportamento e suas ações no trabalho são consistentes com a postura que espera dos outros. De outro modo, você passa uma mensagem confusa para o subordinado: "Faça o que eu digo, mas não faça o que eu faço". Ao mesmo tempo, o feedback tende a ser mais bem recebido quando solicitado pelo funcionário. Caso isso não aconteça, você ainda assim pode perguntar ao subordinado se ele gostaria de receber feedback sobre uma ou outra questão observada por você. Normalmente a resposta será afirmativa, mas essa simples pergunta ajuda a pavimentar o caminho para que ele seja um pouco mais receptivo e alivia seus temores de ser pego desprevenido, além de proporcionar uma continuidade produtiva para a conversa.

O feedback deve ser adequado, específico, oportuno, comportamental e descritivo, não amplo e avaliativo (por exemplo: "Você simplesmente não está fazendo um bom trabalho"). Ao focar em comportamentos preocupantes mais específicos, o subordinado consegue enxergar melhor o que é necessário corrigir. Ou, no caso de elogios, a especificidade serve para encorajar a repetição dos comportamentos esperados. É importante que o feedback compartilhado por você refira-se a comportamentos que estão sob controle do subordinado. Receber feedback sobre comportamentos que a pessoa não controla pode ser muito desmotivador (por exemplo, dizer a alguém que é preciso processar os pedidos mais rapidamente quando o sistema operacional para isso está quebrado). Além do mais, escolha sabiamente sobre o que vai ser o feedback oferecido. Não critique comportamentos que podem ser apenas diferenças de estilo, excesso de preciosismo ou não ter muita importância. Como afirmou Winston Churchill, "a perfeição é inimiga do progresso". Por fim, o feedback pode ser sobre a expectativa de que determinados comportamentos comecem, continuem ou parem. Deixe-me falar um pouco mais sobre os comportamentos que deveriam cessar, pois talvez estejam menos claros. Gosto muito dos dez comportamentos negativos sugeridos por Marshall Goldsmith[9] como potenciais candidatos para isso:

1. **Querer ganhar sempre:** a necessidade de vencer a todo custo e em todas as situações.
2. **Dar valor demais a algo:** o desejo irresistível de opinar em qualquer discussão.
3. **Fazer comentários destrutivos:** valer-se de sarcasmo e alfinetadas desnecessários.
4. **Falar quando estamos com raiva:** usar a própria volatilidade emocional para chamar a atenção e comandar os outros.
5. **Negatividade (ou "Deixe-me explicar por que isso não funciona"):** a necessidade de comunicar nossos pensamentos negativos mesmo sem que nos solicitem comentários.
6. **Negar informação:** a recusa em partilhar informação para manter alguma vantagem sobre os demais.
7. **Deixar de dar o devido reconhecimento:** a incapacidade de elogiar e recompensar alguém.
8. **Reivindicar crédito imerecidamente:** superestimar sua contribuição para o sucesso em algo.
9. **Não demonstrar arrependimento:** a incapacidade de assumir a responsabilidade por nossas ações, de admitir que estamos errados ou de reconhecer como nossas atitudes afetam os outros.
10. **Salvar a própria pele:** a mania de pôr a culpa em todo mundo menos em si mesmo.

No feedback construtivo deve haver um equilíbrio entre a crítica positiva e negativa. Tendemos a perceber mais prontamente quando as pessoas cometem equívocos e fazem algo errado do que o contrário. Em vez disso, precisamos perceber e dar mais ênfase ao que as pessoas fazem certo. Transmitir um retrato mais equilibrado do seu feedback — contanto que sincero, é claro — parece mais justo para o subordinado e é mais bem recebido. John Wooden, famoso treinador de basquete da Universidade da Califórnia, era um grande defensor dessa abordagem com seus jogadores. Conta-se que nos treinos da equipe ele mantinha uma proporção de três mensagens positivas para cada mensagem negativa. O feedback positivo não só reforçava os aspectos que ele mais desejava enfatizar, como também facilitava que os jogadores aceitassem o feedback negativo. Não posso afirmar se essa é uma proporção mágica, mas essa estratégia parece bastante convincente. Quero observar, porém, que um estudo realizado pela Glassdoor demonstrou o valor do elogio. Nele, 53% dos entrevistados declararam que se o gestor demonstrasse mais apreciação por seu trabalho, provavelmente permaneceriam por mais tempo no emprego.[10]

Independentemente de o feedback ser positivo ou negativo, mantenha o foco nos comportamentos em questão, *não* na pessoa. Enuncie o comportamento sobre o qual deseja fornecer feedback, descreva como se sente em relação a ele (bom ou mau) e finalize com suas sugestões para o futuro. Eis alguns exemplos:

> *Percebi outro dia que determinado cliente não recebeu os materiais que pediu. Estou preocupado com isso, porque não queremos perder esse cliente. Como você avalia a situação? Será que pode me ajudar a entender o que aconteceu?*

Após o subordinado responder, isso pode ser acompanhado de suas sugestões e ideias para futuras ocorrências. Compare essa abordagem de feedback, focada no comportamento, com uma abordagem mais focada na pessoa:

> *Você pisou na bola. Por que não mandou para o cliente os materiais que ele pediu? Isso é inaceitável.*

É fácil perceber como a abordagem focada no comportamento permite uma conversa mais significativa e uma atitude menos defensiva, em que o crescimento pode ocorrer mais facilmente. Você não está deixando de atribuir responsabilidades, mas soa menos crítico, o que é fundamental. Aliás, sempre use a primeira pessoa ("eu") ao fornecer feedback. Isso transmite a mensagem de que o feedback constitui *sua* opinião, com toda a subjetividade inerente a isso. Ele representa sua verdade. Consequentemente, enseja uma conversa mais profunda sobre o que aconteceu e como proceder, em vez de fazer parecer que o que você expressou no feedback é a versão completa — ou a única — do caso.

Considere a carga cognitiva que seu feedback vai impor ao interlocutor. Seja realista sobre a quantidade de coisas com que o subordinado consegue lidar e não o sobrecarregue com uma longa lista de sugestões de melhorias. Fazer isso só servirá para deixá-lo paralisado e desmotivado. Pedir ao subordinado que se concentre em uma ou duas mudanças deve ser o suficiente, sobretudo se forem comportamentos essenciais, já que outros comportamentos invariavelmente serão afetados por mudanças positivas. Uma lista de tarefas mais enxuta em geral se traduz em maior progresso e sucesso do subordinado. Promover alguns comportamentos fundamentais e reforçá-los rapidamente também pavimenta o caminho para o sucesso contínuo, na medida em que o subordinado sentirá maior confiança em sua capacidade de realizar mudanças.

Por fim, o feedback imediato é mais impactante do que um feedback postergado. Reforce ou forneça um feedback construtivo para o comportamento assim que ele acontecer. Uma demora muito grande leva a detalhes nebulosos que podem prejudicar a tentativa de fornecer feedback. Por exemplo, uma interação problemática com o cliente ocorrida três semanas antes não será lembrada em sua totalidade por nenhuma das partes, de forma que discuti-la no presente provavelmente será de pouca ajuda. Esse é mais um motivo para a maior frequência de reuniões individuais tender a estar associada a resultados mais positivos.

> *Se o subordinado continuar falhando após todas suas tentativas de promover e apoiar a mudança, provavelmente é hora de parar de fornecer feedback e considerar seu desligamento da equipe. Tal decisão pode ser o melhor para ele, para você e para o time como um todo.*

Além de um excelente feedback, a comunicação autêntica e transparente na reunião individual tem outros aspectos que desejo mencionar brevemente:

1. Bons líderes fornecem uma direção clara e compartilham informação de maneira rápida e honesta.
2. Bons líderes perguntam ao subordinado se ele está precisando de alguma informação e procuram fornecê-la a ele.
3. Bons líderes explicam os motivos subjacentes às decisões que impactam seu pessoal.
4. Bons líderes encorajam seus subordinados a fazer perguntas e, quando não sabem a resposta, desdobram-se para encontrá-la.
5. Bons líderes procuram por lapsos de comunicação ou ambiguidades e se empenham ativamente em eliminá-los.

Para finalizar, bons líderes também evitam um ambiente de fofocas e maledicências. Além de ser um comportamento inconveniente, os outros certamente presumirão que a pessoa também fala mal deles pelas costas. Aliás, cuidado ao pedir para alguém guardar segredo. Em geral, convém não compartilhar uma informação com um integrante específico da equipe se você não pretende comunicá-la a todos os demais. Pedir a alguém para guardar segredo pode deixar a pessoa numa saia justa com os colegas e ser recebido por ela como um peso. Também prejudica a percepção de transparência e autenticidade que queremos cultivar dentro da equipe. Posto isso, há ocasiões em que a comunicação confidencial é necessária, mas, nesse caso, faça isso de forma judiciosa e apenas quando for de fato necessário.

ENVOLVER O SUBORDINADO

Os funcionários normalmente gostam de opinar sobre a execução de suas tarefas, envolver-se no processo decisório, contribuir com ideias para os problemas enfrentados e participar das mudanças a serem implementadas. Afinal, eles vivenciam cada momento enquanto estão no trabalho. São eles que põem a mão na massa. O envolvimento na reunião individual pode ser obtido rapidamente quando o subordinado é consultado sobre uma questão. Por exemplo, pergunte: "Quais são seus pensamentos iniciais sobre como lidar com tal assunto?". Há quatro pontos positivos nessa abordagem. Primeiro, ele provavelmente já pensou em algumas soluções para o problema. Segundo, isso comunica que você valoriza a contribuição e as opiniões dele, fazendo com que se sinta respeitado e apreciado. Terceiro, isso lhe proporciona uma ideia de como a pessoa raciocina e resolve os problemas. E, quarto, tendemos a ficar mais engajados e comprometidos com soluções que ajudamos a criar. Vale notar que há importantes limites naturais para o envolvimento do subordinado. Nem toda decisão pode e deve incluir a opinião ou contribuição de um integrante da equipe. Algumas decisões são por demais abrangentes, importantes e multifacetadas. Vêm de cima e todos devem estar alinhados com elas.

Muitas vezes me perguntam se o gestor pode compartilhar seus pensamentos sobre determinada questão na reunião individual. Claro que sim. Apresente suas opiniões, sugestões e ideias. Porém, faça isso apenas depois de escutar a contribuição dos demais. E, a propósito, nunca parta do pressuposto de que você sabe a melhor maneira de abordar um problema. A forma como lidou com ele antes talvez não seja adequada agora. Suas propostas não devem ser apresentadas como "corretas", e sim como apenas mais um ponto de vista a ser considerado e debatido, a menos, é claro, que haja uma única maneira de lidar com a situação.

SER GENTIL E SOLIDÁRIO

A gentileza é um comportamento marcado por atos de generosidade, consideração e auxílio ou preocupação com os outros, sem esperar receber elogios ou recompensas em troca. Não pretendo fazer um sermão sobre esse assunto. Afinal, a gentileza é um comportamento que nossos responsáveis tentam incutir em nós desde muito cedo. No caso das reuniões individuais, fornecer apoio contínuo é crucial para isso. Oferecer seu respaldo à pessoa e investir nela é o supremo ato de gentileza. Mas gostaria de fazer dois pequenos apontamentos. Primeiro, ajude seu subordinado a crescer e se desenvolver por conta própria, com seu apoio, mas cuidado para não incentivar a dependência. Segundo, o exercício da gentileza não significa que devemos deixar de atribuir responsabilidades. A responsabilização e a gentileza não são de modo nenhum excludentes. Às vezes, responsabilizar alguém corresponde a um ato de gentileza em si. De modo geral, ser gentil é essencial para lidar com necessidades pessoais e construir um relacionamento sólido. Ao mesmo tempo, permite que suas mensagens sobre responsabilização ou feedback crítico sejam mais prontamente recebidas e compreendidas, uma vez que a gentileza consegue derrubar as barreiras de alguém que está na defensiva e sem a mente aberta. Vale notar também que gentileza gera gentileza. Esse comportamento é contagiante.[11]

Há estudos que indicam que ser gentil e ajudar os outros pode fazer bem para nossa própria saúde e parece atenuar os efeitos negativos de um eventual estresse que estejamos sofrendo.[12] Por exemplo, indivíduos idosos engajados em trabalho voluntário (uma demonstração fundamental de gentileza) apresentaram menor tendência a sofrer morte súbita[13] e hipertensão.[14]

DEMONSTRAR A VULNERABILIDADE ADEQUADA

Como alguém que ocupa uma posição de poder, cabe a você ditar a norma para que suas reuniões sejam um ambiente tranquilo para falar sobre medos, preocupações, desafios e objetivos. Assim, lidere pelo exemplo e se disponha a ser vulnerável e assumir um tom pessoal. Se for pertinente, comunique seus sentimentos — positivos ou negativos — até certo ponto, para mostrar que confia nos demais e encorajá-los a ter confiança em você. A vulnerabilidade apropriada do líder ajuda o subordinado a sentir-se mais seguro e prepara o terreno para a construção de um relacionamento significativo. Também enseja implicitamente a permissão para o subordinado fazer o mesmo e se mostrar vulnerável. De modo geral, procure humanizar suas reuniões. Aliás, a vulnerabilidade requer uma disposição de admitir seus erros perante si mesmo e à equipe; transforme isso numa oportunidade de aprendizado e mostre que erros não são algo a esconder nem de que se esquivar, culpando os outros. Você também pode aproveitar o ensejo para se desculpar com algum integrante da equipe por qualquer coisa que tenha feito ou dito.

Outro aspecto da vulnerabilidade adequada é a capacidade de pedir ajuda. Ninguém pode ter todas as respostas ou saber como fazer tudo. Um líder adequadamente vulnerável pedirá ajuda aos integrantes da equipe de tempos em tempos (por exemplo, pedindo a um deles para explicar alguma coisa, mostrar como realizar determinada tarefa ou auxiliar em algo). Buscar auxílio também contribui para fortalecer o relacionamento. Essa ideia foi chamada de efeito Franklin, pois Benjamin Franklin era conhecido por agir assim com seus rivais.[15] Além do mais, aumentará as chances de seu subordinado pedir ajuda quando precisar. E, novamente, a relação sai fortalecida.

Devo enfatizar a palavra "adequada" aqui, uma vez que devemos ser vulneráveis, mas não demais. Isto é, seja vulnerável, mas não se abra tanto a ponto de pôr o enfoque da reunião individual todo em você e criar desconforto entre os integrantes da equipe. O objetivo é compartilhar só o suficiente para que a outra parte se sinta à vontade para também dizer o que pensa. Encontre o equilíbrio.

Em conjunto, essas cinco categorias de comportamento operam para atender às necessidades pessoais de uma maneira exequível e razoável. Não é necessário nenhum esforço extraordinário. Com atenção e reflexão, tais atitudes podem ser assumidas prontamente. Como resultado, seus subordinados deverão se sentir incluídos, respeitados, valorizados, dignos de confiança, escutados, compreendidos, apoiados e psicologicamente seguros. Isso é um grande êxito para a reunião individual e para o relacionamento num sentido mais amplo, e reside no núcleo da reunião individual eficaz. Vale a pena enfatizar também que esses comportamentos para satisfazer necessidades pessoais, embora sem dúvida relevantes para líderes e seus subordinados, podem ser aplicados a qualquer iniciativa de fortalecer um relacionamento — com colegas, familiares, amigos, clientes etc.

PONTOS PRINCIPAIS

- **Satisfazer as necessidades pessoais é fundamental.** Embora a reunião individual se destine a lidar com as necessidades práticas da equipe, também deve ser conduzida de forma a ir ao encontro das necessidades pessoais dos subordinados. Isso fará com que eles se sintam incluídos, respeitados, valorizados, escutados, compreendidos e apoiados. A satisfação das necessidades pessoais do grupo também gera um clima de segurança psicológica que serve para enaltecer a reunião individual e enfatizar seu valor.
- **Há cinco comportamentos-chave necessários para atender às necessidades pessoais do subordinado:** (1) escutar e responder com empatia; (2) transmitir autenticidade e transparência; (3) envolver o subordinado; (4) ser gentil e solidário; (5) demonstrar a vulnerabilidade adequada. Cada um desses comportamentos é necessário para apoiar tanto a eficácia da reunião individual como seu relacionamento com o subordinado.

10. Como começar e como terminar uma reunião individual — e o que fazer entre uma coisa e outra?

No último capítulo, vimos os comportamentos essenciais necessários para tratar das necessidades pessoais do subordinado na reunião individual. Agora, analisaremos as quatro etapas lógicas da reunião individual: preparação, início, núcleo e fim.

O modelo geral indicado no capítulo 8 (p. 118) não é uma fórmula rígida. Você pode fazer ajustes finos caso a caso. Identifique os estilos e preferências pessoais dos funcionários para ajustar onde for necessário. Como regra geral, adote uma estratégia flexível para atender às necessidades de cada um.

A PREPARAÇÃO E O INÍCIO

Nas palavras eloquentes de Benjamin Franklin: "Quem falha em se preparar, prepara-se para falhar". Antes de entrar na sala de reunião, iniciar uma videoconferência ou sair para uma caminhada com o subordinado, é necessário preparação. Comece repassando as anotações da última reunião individual que você realizou com a pessoa: que assuntos foram discutidos, quais tópicos ficaram por ser mais aprofundados e que itens aguardam um follow-up? É importante relembrar e reforçar os pontos de conexão entre uma reunião e outra para não perder o embalo e potencializar os resultados positivos.

A preparação envolve também sua mentalidade (mindset). O que me traz a uma das minhas descobertas de pesquisa favoritas — o efeito Pigmaleão, também conhecido como efeito Rosenthal, segundo o qual "quanto maior nossa expectativa em relação a determinados comportamentos alheios, maior a probabilidade de agirmos de modo a tornar o comportamento esperado provável".[1] Por exemplo, se um professor tem baixas expectativas em relação ao aluno, ele o trata de certa maneira (digamos, não se dá ao trabalho de lhe explicar as coisas). Com isso, o desempenho do aluno é fraco, confirmando as expectativas iniciais. Em outras palavras, as baixas expectativas iniciais se transformaram em realidade. O mesmo efeito ocorre inversamente para as expectativas positivas. Realizar uma reunião individual na crença de que seu subordinado quer crescer, mudar, aprender e se desenvolver provavelmente levará a comportamentos de liderança mais focados em escutar, solucionar problemas de maneira colaborativa, mostrar empatia, apoio e encorajamento. Se não alimentamos a expectativa de que o subordinado pode evoluir, e na verdade achamos o contrário (por exemplo, que ele apenas não quer ou não consegue mudar), isso provavelmente resultará no comportamento inverso (talvez com uma postura de não encorajar nem apoiar), pois presumimos que não será de qualquer serventia, de um modo ou de outro. Isso vai diretamente contra o propósito da reunião individual. Em ambos os casos, uma profecia autorrealizável tem grande probabilidade de ocorrer — seus comportamentos tendem a levar a resultados alinhados com suas expectativas iniciais. Lembre-se: se alguém é de fato um mau funcionário, documente o problema e lide com ele no decorrer do tempo, recorrendo à demissão, se necessário. Mas, na maioria das vezes, não é o caso. Portanto, ao realizar uma reunião individual, as expectativas positivas são essenciais para concretizar o pleno potencial dela e de seus subordinados.

Passemos ao efetivo início da reunião. Comece com uma rápida discussão de tópicos, conquistas ou reconhecimento não relacionados ao trabalho para estimular a conversa e promover sentimentos de segurança psicológica. Demonstre interesse por seu subordinado enquanto pessoa. O ideal é que a pauta tenha sido finalizada com antecedência, mas, caso contrário, não há problema. Simplesmente finalize-a no início da reunião. O importante é assegurar que todos compreendam os resultados esperados e como chegar lá. Se a pauta já foi preparada, não deixe de perguntar se há alguma mudança a ser feita, antes de prosseguir. Esse também é um bom momento para indagar: "Quais são os pontos absolutamente essenciais que devemos cobrir ou compreender antes de encerrar a reunião?", de modo a estabelecer as prioridades de tempo mais adequadas. Por fim, como observei antes, gosto de me reportar de forma breve a alguma reunião individual passada (por exemplo, talvez uma rápida checagem de um problema ou questão levantada na última reunião) como forma de demonstrar ao subordinado que essas reuniões individuais são importantes e assegurar a total sintonia entre ambos. Desde o início, enfatize periodicamente certas normas que deseja ver implementadas na reunião individual, como franqueza, envolvimento, mente aberta e compromisso com a transparência, preparando o terreno para uma conversa proveitosa e sincera.

O NÚCLEO

Embora a preparação e o início sejam importantes para encaminhar o sucesso de uma reunião, é no núcleo que a ação acontece. Todos os itens da pauta serão cobertos nessa parte da reunião individual, provavelmente um de cada vez. Há cinco fases principais interligadas nessa área fluida do modelo, como vemos na figura (p. 116). Dependendo do item em questão, certas fases podem receber mais atenção, enquanto outras, ser completamente puladas. Por exemplo, se houver um item apenas informativo, focamos em expressar e esclarecer/compreender as fases desse processo. Observe que todas as fases do modelo estão ligadas por setas duplas, pois o fluxo da comunicação pode ser bastante dinâmico. Pular de fase é normal e esperado. Por exemplo, ao chegar à fase da solução de problemas, você pode acabar voltando à fase de esclarecimento e compreensão para entender melhor o problema a ser resolvido. Analisemos cada uma dessas cinco fases para entender melhor o papel que desempenham na reunião individual. Encorajo você também a examinar o "Checklist dos preparativos para facilitar a reunião individual", encontrado no fim desta parte do livro. É um guia rápido que pode ser consultado antes do início de uma reunião individual.

Expressão

A fase de expressão consiste em conversar sobre tópicos e problemas independentemente de iniciar por uma questão central de sua pauta ou algo contido na lista do integrante da equipe. Use palavras encorajadoras para estimular seu subordinado a falar. Embora possa ser tentador abordar diretamente os tópicos relacionados à sua própria necessidade, resista. Priorize o mais importante, ou seja, os temas e as necessidades dele. Mostre que você é um ouvinte atento. Entre outras coisas, adote uma linguagem corporal acolhedora para promover a conexão e indicar interesse. Evite posturas que o façam parecer fechado e na defensiva (por exemplo, braços cruzados). Tanto numa reunião presencial como virtual, mantenha contato visual adequado para a pessoa se sentir vista e ouvida.

Esclarecimento e compreensão

Essa fase consiste em mostrar engajamento com o conteúdo apresentado pelo subordinado e trabalhar para compreender plenamente o que foi falado, incluindo chegar à raiz de eventuais problemas. É fundamental aqui escutar com atenção e fazer questões aprofundadas para explorar os pontos de vista, como "conte-me mais sobre...", "qual é sua análise sobre o que está acontecendo" ou "lembra-se de alguma situação parecida que seria útil considerar?". Consulte o capítulo 9 para mais informações sobre as técnicas envolvidas em escutar, sondar e explorar.

Dependendo da natureza do item apresentado, você pode passar à fase de solução de problemas depois de ter compreendido plenamente o que foi dito. Ou talvez o subordinado queira apenas desabafar e dispor de um ouvido amigo, e assim você pode voltar à fase de expressão e abordar o item seguinte da agenda. Ou quem sabe as soluções tenham começado a aparecer naturalmente durante a fase de esclarecimento e compreensão graças a perguntas bem-feitas e à escuta ativa. Para dar um exemplo simples, imagine uma laranja sobre a mesa. George afirma: "Quero a laranja". Liana diz o mesmo. Claramente, as duas posições são incompatíveis, considerando que há apenas uma laranja. Assim, uma solução normal surgida após a negociação seria cortar a fruta ao meio e dividi-la (uma solução de compromisso) ou decidir que apenas um receberá a laranja inteira (solução que envolve um ganhador e um perdedor). Entretanto, há uma alternativa: perguntar às pessoas o motivo de sua reivindicação — no caso, por que querem a laranja. Isso as ajudará a identificar as motivações por trás de seu desejo. Assim, uma solução sinérgica pode ser encontrada. Deixe-me demonstrar isso com o exemplo da laranja, inserindo orações iniciadas com "por quê".

Liana: "Quero a laranja".
George: "Liana, por que você quer a laranja?".
Liana: "Estou com fome e com sede e a laranja resolveria meu problema".
George: "Quero a laranja".
Liana: "George, por que você quer a laranja?".
George: "Estou fazendo bolo de laranja e preciso da casca".

Agora que os motivos ficaram claros, uma solução ganha-ganha pode ser rapidamente encontrada para o caso. Liana pode ficar com a fruta e George, com a casca. Ambos saem felizes. Embora seja uma maneira tola de ilustrar o problema, perguntar o porquê e investigar o que está sendo compartilhado muda os rumos da conversa e permite encontrarmos prontamente soluções que de outro modo talvez não percebêssemos. Resumindo, quando nos aprofundamos na fase de esclarecimento e compreensão, as soluções começam a emergir, impelindo-nos à fase seguinte.

Solução de problemas

As soluções provavelmente serão diferentes, dependendo do item da pauta. Essa fase inclui:

- Fornecer feedback e mapear um caminho de aprimoramento
- Oferecer conselhos, apoio, sugestões e ideias de modo geral
- Trabalhar um problema, obstáculo ou desafio específico e desenvolver um plano
- Identificar o apoio e os recursos disponíveis para seu subordinado

A primeira parte da solução normalmente consiste em perguntar ao integrante da equipe quais são suas ideias, dada sua proximidade com o problema e a importância de seu comprometimento com as soluções. Questões abertas poderiam incluir:

- "Com base em sua experiência, você tem alguma sugestão sobre como proceder?"
- "O que seu instinto lhe diz sobre como e por que cuidar desse assunto?"
- "Sugira duas ou três estratégias capazes de funcionar e quais seriam os prós e contras de cada uma."

Continue a promover a geração de ideias; não há necessidade de aceitar a primeira opção, e você pode e deve desafiar as ideias de uma forma construtiva. No entanto, eis um ponto central que constitui um problema para os líderes: *se a solução do subordinado não se alinha totalmente à sua, mas ainda assim é viável, adote a ideia dele — mesmo se achar a sua melhor.* Caso você considere haver uma grande diferença na qualidade das duas, e as consequências de uma solução incorreta forem graves, então é razoável discordar. Os efeitos de "uma grande diferença" são a parte mais significativa aqui. Se não houver grande discrepância entre as ideias de ambos, a solução proposta pelo subordinado é a melhor aposta, já que foi sugerida pelo integrante da equipe. Aceitando sua ideia você comunica que confia nele e em sua avaliação e promove seu maior comprometimento em agir e perseverar diante dos obstáculos. Vale destacar que, mesmo nos casos em que consideramos haver uma grande diferença em termos de qualidade entre as ideias, mas *nenhuma consequência significativa* associada ao fato de que a ideia do subordinado possa ser equivocada, provavelmente é melhor acatar a sugestão dele. Se a solução apresentada não funcionar no futuro, vocês decerto podem voltar a discuti-la e tentar algo novo. Mas, se funcionar, é uma situação de ganha-ganha. Em regra, reflita se a discussão vale a pena e seja razoável. O subordinado não precisa sempre concordar com nossa solução, especialmente porque não temos certeza de ela ser o único caminho a seguir. Mais uma vez, como mencionei no capítulo anterior, não pretendo passar a impressão de que você não deve compartilhar seu ponto de vista em uma reunião individual. Com certeza pode e deve fazê-lo. Há momentos numa reunião individual em que você absolutamente precisa contribuir com sua perspectiva ou compartilhar um feedback honesto e específico. Mas escolha esses momentos com cuidado para não desmotivar nem promover uma sensação de impotência entre os funcionários da equipe.

Os passos anteriores talvez pareçam ter uma natureza um tanto linear — o subordinado fala primeiro, o gestor depois (e o ciclo se repete). Contudo, considerando que há um questionamento ativo e uma exploração ao longo da fase de soluções, o processo deve ser engajador, dinâmico e interativo. Mas e quando nem você, nem o subordinado têm ideias significativas para usar como ponto de partida? Façam um brainstorming e empenhem-se numa solução colaborativa. Trabalhem juntos para de fato compreender qual é o problema à mão, reunindo informações, identificando a raiz das indagações e criando uma solução com a qual ambas as partes se sintam confortáveis. Se não puderem chegar a uma solução no momento, não há problema, parem e reflitam sobre ela. Depois, voltem a conversar, seja em um dia qualquer, seja na reunião seguinte, para apresentar o que foi pensado por ambos. Também é possível que a impossibilidade de encontrar uma solução significativa os faça regressar à fase de esclarecimento e compreensão. Não é nada do outro mundo.

> *Como gestor, você deve ficar confortável com o silêncio. Quando ele ocorre, talvez seja tentador preencher o vazio com palavras, mas tenha em mente que o silêncio é com frequência um sinal de reflexão, mais do que de constrangimento ou falta de engajamento. Podemos até encorajar esses momentos de silêncio instruindo o subordinado a fazer uma pausa sempre que precisar refletir sobre suas ideias. Não há por que apressar o processo.*

Elaboração das próximas etapas

Na fase de soluções, identifique em quais pontos ambos estão de acordo. Uma ótima ideia só é uma ótima ideia quando é executada — por isso, tenha clareza sobre o planejamento final e os próximos passos. Como parte dessa conversa, pergunte ao subordinado que recursos ou apoio ele espera de você e que medidas deve tomar para obtê-los, caso não sejam por seu intermédio. Se o subordinado não for muito claro sobre o que é necessário, você também pode oferecer sugestões sobre como poderia ajudá-lo (algum recurso que precise, apresentando-lhe uma pessoa útil, tendo uma conversa etc.) e em seguida lhe perguntar o que acha. Mas seja cuidadoso. Se concordar em dar suporte a alguém, ajude no que for necessário, mas não esqueça que, em última análise, a pessoa é responsável por concluir a tarefa.

Ao gerar itens de ação para o gestor e o subordinado, sou totalmente a favor de utilizar a mesma estratégia de pesquisa sobre o estabelecimento das metas. As etapas de ação devem ser específicas, mensuráveis, realistas, relevantes e com tempo delimitado (abordagem SMART: *specific, measurable, achievable, realistic/relevant* e *time-bound*). Os itens de ação podem ir das tarefas mais complexas às mais simples, como "faça uma lista de objetivos para sua equipe". Também pode acontecer de, dependendo do tópico em questão, não haver nenhum item de ação apropriado — assim, uma discussão deverá ser suficiente.

Acompanhamento da pauta

Trabalhe em cima da pauta estabelecida, mas mostre flexibilidade para permitir que a conversa flua de forma orgânica. Concentre-se nos itens mais cruciais para seu subordinado — que devem figurar antes na pauta — para garantir o valor da reunião individual. Em última instância, como gestor, você é responsável por administrar o tempo, mas nada o impede de se mostrar flexível. Consulte periodicamente o subordinado durante a reunião e assegure que ele esteja no caminho certo para conseguir as coisas de que necessita. Embora as pautas sejam úteis, não permita que o induzam a abordar de maneira superficial questões importantes, de forma que você passe correndo pelos tópicos para conseguir cobrir a pauta toda. O foco deve ser primeiro nos mais importantes. Lembre-se de que, se algum ponto deixar de ser abordado, pode ficar para a reunião individual seguinte, ou alguma outra ocasião.

Volto a enfatizar que todas essas fases no núcleo da reunião individual não necessariamente precisam ser concluídas numa ordem linear. É possível fazer isso, mas você talvez descubra que a conversa pula bastante entre as várias fases. É perfeitamente normal tanto de um modo como de outro. Por fim, há ocasiões em que emoções negativas podem vir à tona no decorrer da conversa. Acontece. Basta lidar construtivamente com isso. Ao fim desta seção do livro, apresento uma ferramenta para ajudar também nesse caso — o "Questionário verdadeiro/falso de habilidades para lidar com emoções negativas durante as reuniões individuais".

O FIM

A primeira regra é: encerre a reunião individual no horário. A impontualidade sempre transmite uma falta de respeito pelo tempo dos outros. Tudo bem terminar um pouco mais cedo se você atingiu as metas da reunião (embora, se ela sempre acabar mais cedo, talvez seja um sinal de que você não está conduzindo a reunião e/ou aproveitando seu tempo com o subordinado de forma efetiva). Mas no núcleo dessa fase reside a necessidade de um encerramento significativo. E a conclusão, em termos ideais, deve ser positiva (ou pelo menos não negativa).

Um estudo clássico conduzido por Daniel Kahneman (vencedor do prêmio Nobel de Economia) demonstrou como a conclusão de uma experiência influencia o comportamento subsequente a ela.[2] No experimento, os pesquisadores submeteram os participantes a duas situações. Na primeira, a pessoa mergulhava a mão na água fria (14°C) por sessenta segundos (não é tão fácil quanto parece e a sensação pode ser muito desconfortável). A segunda situação era idêntica, exceto que eram acrescentados trinta segundos ao tempo que a mão da pessoa deveria ficar sob a água, a uma temperatura um pouco maior (15°C). O aumento da temperatura era ínfimo, e a água ainda assim estava fria, mas menos desagradável, relativamente falando, do que na experiência de sessenta segundos. Então foi perguntado aos participantes em cada caso se estariam dispostos a repetir a experiência. Os da segunda situação se mostraram mais dispostos, apesar de permanecerem com a mão na água fria por mais tempo. A diferença foi que a encerravam numa nota mais positiva. Trata-se de um resultado significativo e fácil de ser aplicado às reuniões individuais.

Um encerramento excelente de reunião individual compreende várias partes importantes. Certifique-se de que seus pontos principais, compromissos, prazos e plano de ação estejam claros para ambos, incluindo seu apoio aos passos seguintes. Se houver considerações de última hora ou alterações necessárias, não há o menor problema em abordá-las nesse ponto. A fim de promover a responsabilização e o progresso de uma reunião para outra, faça breves anotações para registrar seu conteúdo e compartilhe-as posteriormente. As palavras de Andy Grove, ex-CEO e cofundador da Intel, sintetizam bem isso: "A simbologia de anotar tudo também é importante [...]. O ato implica compromisso, como um aperto de mão, de que algo será feito".

Por fim, encerre a reunião agradecendo o integrante da equipe por trabalhar duro. Elogie-o por seu esforço e pelos eventuais resultados conquistados. Mesmo que a conversa seja difícil, ou que vocês estejam lidando com um feedback construtivo, tente encerrar numa nota afirmativa, dizendo coisas como "Sei que é complicado, vamos lidar com isso juntos", ou "Esse tipo de feedback nem sempre é fácil de escutar; saiba que percebo quanto empenho você tem depositado nisso e estou impressionado com sua abertura em receber meus comentários. Fico feliz que faça parte da equipe" — ou qualquer outro encorajamento ou tentativa de aumentar a confiança do subordinado. Encerrar num tom positivo permitirá que ambos saiam da reunião sentindo-se motivados e otimistas, em vez de estressados e esgotados.

PARA ILUSTRAR

Para dar vida ao processo, a seguir estão algumas citações extraídas de entrevistas com funcionários e líderes de equipes consultados sobre experiências excelentes de reunião individual. Nessa primeira, sobre o que leva à eficácia da reunião individual, o equilíbrio é um tema evidente:

> *Primeiro, foi iniciada num tom íntimo para verificar meu bem-estar e desfrutarmos de uma interação mais pessoal; segundo, contou com o equilíbrio de tempo correto para eu me comunicar e discutir meus itens, e para ele fazer o mesmo; terceiro, deu espaço ao coaching. O gestor faz questão de encontrar tempo para assuntos mais delicados e é um ótimo ouvinte. Fica claro que está presente e interage comigo autenticamente.*

A fala a seguir faz um bom trabalho em descrever uma potencial estrutura de reunião individual, bem como o papel do gestor em encorajar o subordinado a refletir com profundidade:

Temos uma estrutura estabelecida – conversamos sobre minhas principais responsabilidades, meu progresso com os projetos e minha evolução pessoal. Um simples cartão de pontuações serve para manter tudo visível e fazer com que permaneçamos atentos. Meu gestor fornece feedbacks breves e claros, além de uma pilha de tarefas de autorreflexão – pedindo-me para checar coisas sozinho e observar e aprender sobre como me conduzo no mundo.

Esta última citação capta a importância de diferentes tipos de reunião individual e de fazer perguntas:

Há dois tipos de reunião individual. Algumas são táticas e focadas em metas e estratégias. Costuma ser o tipo mais frequente. A melhor reunião individual desse tipo envolve menos falas do gestor e mais questões sobre o que está funcionando ou não, bem como formas de remover obstáculos. A maioria dos gestores fala demais e pergunta de menos. O segundo tipo de reunião individual tem um foco maior no desenvolvimento. As melhores começam com uma compreensão dos meus objetivos de carreira, ambições e expectativas, seguidas de uma conversa sobre o que eu preciso, ou nós precisamos, fazer para transformar essas esperanças em realidade. É uma situação altamente colaborativa.

PONTOS PRINCIPAIS

- **As quatro etapas das reuniões individuais.** Há quatro estágios principais para uma reunião individual: (1) preparação; (2) início; (3) núcleo; (4) fim. Cada passo é central para a condução da reunião.
- **As fases de preparação e início dão o tom da reunião.** A preparação assegura que você compareça com a mentalidade correta. Já o início da reunião deve partir de tópicos leves (como temas não relacionados ao trabalho, conquistas e gratidão) e depois se voltar a assuntos mais densos, como discutir os obstáculos ou fornecer feedback.
- **O núcleo é fundamental para a eficiência da reunião.** Trata-se do âmago da reunião individual. Cinco etapas centrais ocorrem nessa fase: (1) expressão; (2) esclarecimento e compreensão; (3) solução de problemas; (4) elaboração das próximas etapas; (5) acompanhamento da pauta. Essas etapas não precisam acontecer nessa ordem. Deixe a conversa fluir e avance pelos estágios de maneira pertinente para o tópico específico da agenda.
- **Encerre positivamente.** O fim da reunião individual é uma oportunidade crucial para analisar e registrar informalmente os pontos-chave. Sempre encerre a reunião no horário, demonstrando gratidão e reiterando seu apoio. Essas atitudes ajudarão a motivar o subordinado a implementar o que foi discutido, deixando sua reunião individual seguinte no rumo certo para ser bem-sucedida.

11. O que se espera do subordinado em uma reunião individual?

Tudo no universo tem ritmo. Tudo dança.
Maya Angelou

A reunião individual é como uma dança: talvez aconteça de ser conduzida por um dos dois, mas isso não basta — o par precisa estar igualmente empenhado em cada passo. Ambos os participantes moldam a reunião individual e são responsáveis por seu sucesso ou fracasso. O subordinado não desempenha um papel passivo, mas participa de forma ativa em fazer da ocasião algo eficaz — com isso, ajuda a fortalecer o relacionamento e contribui para que as necessidades de ambos os lados sejam atendidas. Este capítulo é dedicado principalmente aos comportamentos do subordinado em promover o sucesso da reunião individual. *Porém* (e esse é um grande "porém"), o conteúdo também é relevante para o gestor, na medida em que muitos comportamentos discutidos aqui devem ser adotados por ele ao conduzir uma reunião individual. Além do mais, o gestor provavelmente participa de reuniões individuais com *seus* gestores, o que faz deste capítulo ainda mais relevante.

O que o subordinado pode e deve fazer para maximizar o valor da reunião individual e aumentar as chances de um resultado positivo? Em minhas entrevistas, identifiquei dez comportamentos muito nítidos, que chamo de os Dez Fantásticos, os Dez Tremendos, os Top Dez — os dez comportamentos que conduzem a reunião individual ao máximo sucesso.

#1
Esteja ciente de suas necessidades

Você não conseguirá o que espera da reunião individual a menos que saiba de antemão o que quer. Quais são as principais questões e tópicos a discutir? Quais são suas necessidades mais prementes? Não se prenda a assuntos e detalhes superficiais ou a coisas sobre as quais *acha* que deveria falar. Descubra quais são suas necessidades, expectativas e metas de curto e longo prazos. Sua clareza de propósito o ajudará a priorizar e organizar os itens da pauta e suas perguntas, aumentando as chances de sua reunião individual lhe proporcionar o que você precisa.

#2
Seja curioso

Ser curioso começa pela mentalidade, mas também tem a ver com o comportamento. A curiosidade reflete um desejo de crescimento, de aprender com os outros e por experiência própria, de adquirir novos conhecimentos e lidar deliberadamente com diferentes informações. As pesquisas mostram que a curiosidade está associada a diversos resultados positivos, como:

- Elevação do nível de desempenho no trabalho
- Maior grau de satisfação no trabalho e na vida
- Relações sociais melhores e mais profundas
- Atitude empresarial
- Adaptabilidade e crescimento

Embora a maioria das pessoas afirme ser curiosa por natureza, na prática elas não se comportam como tal. Nossos dias passam na velocidade da luz. Vivemos distraídos por prazos, mídias sociais, problemas variados. E, talvez ainda mais grave, criamos nossos próprios empecilhos para não investir o tempo de fato em aprender com os outros e descobrir suas diferentes "verdades" — um aspecto essencial da curiosidade. Além de nos esforçarmos ativamente para ter uma mentalidade curiosa (sim, precisamos nos lembrar disso antes de entrar em uma reunião individual), os fundamentos da curiosidade estão claros — fazemos perguntas, escutamos atentamente e desfrutamos do processo de descoberta. Mais importante, talvez, trabalhamos para evitar o viés de confirmação (relembrando: quando vamos atrás apenas de informações consistentes com nossas crenças) e nos desafiamos a descobrir novos conhecimentos e novas maneiras de pensar, ainda que isso possa nos trazer desconforto. Em última análise, estamos aprendendo sobre as narrativas e verdades alheias. Embora às vezes possamos não concordar com os outros, mesmo assim eles representam para nós uma oportunidade de aprendizado e crescimento.

#3
Crie uma relação
de confiança

A construção de uma relação de confiança ajuda as pessoas a se conhecerem em um nível pessoal e profissional e a ficarem à vontade na respectiva presença. É claramente um processo dinâmico. Alguns gestores podem ser muito introvertidos ou um pouco inábeis socialmente, mas não significa que sejam incapazes de construir uma relação de confiança. Quer dizer apenas que precisam fazer um esforço extra para criar essa ligação. A literatura em geral recomenda que a reunião individual comece com uma saudação entusiasmada, positiva. Utilize dicas não verbais, como manter contato visual firme e sorrir, para estabelecer a conexão com a pessoa. Demonstre interesse por ela. Descubra sobre suas paixões e preferências para criar sinergia e encontrar áreas de intersecção que possam ser aproveitadas para aprofundar a conversa. Mesmo que não tenham muitas coisas em comum, ainda assim você pode se mostrar curioso e interessado nas diferenças. Permita que a conversa progrida naturalmente, mas fique atento ao que escuta para estimular o diálogo. E, mais importante, usufrua do processo de criar conexão.

#4
Envolva-se ativamente

A reunião é sua: tire máximo proveito dela. Os exemplos mais óbvios de engajamento são compartilhar e interagir com o conteúdo, fazer perguntas, expressar-se, ser acolhedor, reagir de maneira construtiva ao que é falado, investigar, elucidar e estar plenamente presente. Tomar notas também pode promover e sinalizar engajamento. Além disso, como a reunião envolve apenas dois lados, a comunicação não verbal fica muito evidenciada e é até mais impactante na dinâmica interpessoal. Sentar-se ereto, inclinar-se levemente para a frente, sorrir e fazer contato visual são claros sinais não verbais positivos de engajamento.

#5
Comunique-se bem

Deixe-me enfatizar alguns dos principais comportamentos associados a uma comunicação excelente:

- **Seja claro e conciso.** Use um vocabulário acessível e preciso para prevenir erros de interpretação.
- **Comunicar-se é como contar uma história.** Uma boa estrutura, fluxo e organização são essenciais.
- **Permaneça focado e atenha-se à sua mensagem.** Pular de assunto em assunto pode confundir o interlocutor.
- **Sua voz importa.** A inflexão e o tom de voz influenciam como a comunicação é recebida. Esses dois fatores afetam a compreensão e a interpretação das mensagens.
- **Seja honesto.** Para aumentar as chances de uma resposta significativa e ponderada, procure mostrar honestidade, franqueza e até vulnerabilidade para seu gestor.

E lembre-se de que a pedra angular da comunicação ideal é saber escutar (ver capítulo 9). Vale acrescentar que, a menos que se trate de uma conversa confidencial ou muito delicada, pode ser útil às vezes praticar suas habilidades de comunicação sobre um tema difícil com um colega de confiança, de modo a ficar mais preparado para uma conversa potencialmente difícil com seu gestor.

#6
Ajude a solucionar
problemas

Não apareça na reunião individual com seus problemas simplesmente; tente também oferecer potenciais soluções para eles, mesmo que ainda não estejam plenamente formadas. Assim você demonstra seu caráter proativo e seu desejo de lidar com os desafios de forma construtiva. Mostre-se disposto a compartilhar seu ponto de vista, mesmo que seu gestor não concorde. Se divergências ou conflitos surgirem, resolva-os também de maneira construtiva. Não esqueça que as diferenças entre as partes não constituem um problema em si, são apenas uma oportunidade de descobrir diferentes pontos de vista. O segredo é conversar sobre elas sem ser agressivo nem levar para o lado pessoal. E a resolução pode gerar soluções únicas e integrativas.

Aliás, deixe-me compartilhar parte do que aprendi com o excelente trabalho do coach em liderança John Baldoni sobre defender ideias sem ficar na defensiva.[1] Tudo começa pela preparação. Pense nos tipos de objeções e contra-argumentos que possam ser apresentados a suas opiniões e reflita sobre algumas possíveis respostas. A ideia aqui não é se entrincheirar a todo custo na defesa de seus pontos de vista, e sim aumentar as chances de que eles recebam toda atenção e promovam uma cuidadosa deliberação. Isso também pode ajudá-lo a descobrir furos em seus argumentos antes do início da conversa. Durante a reunião em si, se perceber resistência, expresse seu reconhecimento (não necessariamente concordância) por qualquer feedback ou resposta que receber. Isso serve como um sinal de mente aberta e receptividade, o que por sua vez pode servir para abrir a mente da outra pessoa e tornar o diálogo mais agradável, resultando numa posição menos defensiva. A paciência também é fundamental. Seja realista e não espere que a pessoa abrace rapidamente seu ponto de vista. A propósito, esteja aberto para refinar suas ideias em resposta ao feedback. Identifique os pontos centrais e os mais superficiais de suas proposições. Não hesite em ceder no que for superficial, pois isso ajuda a estimular a conversa. Por fim, mantenha a tranquilidade. Quando as emoções tomam conta, a conversa costuma azedar.

Durante a reunião individual, sem dúvida pode acontecer de ficar evidente que suas ideias têm alguns problemas, e que é necessário achar um caminho alternativo. Ou de simplesmente não conseguirmos convencer a outra parte. Acontece. Não é razoável esperar que os outros sempre sejam convencidos por nossos argumentos. Às vezes, só resta seguir em frente e mudar de direção. Mas, se o processo for bem conduzido, a experiência trará reflexos positivos.

#7
Peça ajuda
(de forma construtiva)

Procurar ajuda é crucial quando enfrentamos novos desafios e obstáculos, trabalhamos sob pressão para cumprir prazos e lidamos com tarefas e expectativas nebulosas. Consequentemente, os comportamentos que nos levam a buscar ajuda têm sido estudados no meio acadêmico, em particular nas duas últimas décadas. Esses comportamentos foram categorizados pelos psicólogos sociais em dois tipos principais: autônomos e independentes.[2] A busca autônoma de ajuda pode ser compreendida como ir atrás de informações que capacitem o indivíduo a ser independente, cumprir tarefas e resolver problemas por conta própria. A longo prazo, isso tende a promover independência — similar ao provérbio "melhor ensinar alguém a pescar do que lhe dar um peixe". A dependência em procurar ajuda, por outro lado, diz respeito à busca de uma "solução rápida" ou de uma "resposta" vinda da outra pessoa. Tal estilo poupa tempo e energia e traz uma gratificação imediata, mas em geral não se traduz em autossuficiência a longo prazo. As avaliações de desempenho no trabalho mostraram ter uma relação positiva com a busca autônoma de ajuda, mas negativa com sua contraparte, a busca dependente.[3]

Admito que pedir ajuda nem sempre é tarefa simples. Entretanto, quanto mais oferecemos ajuda aos outros, mais fácil fica pedir. Podemos usar muitas perguntas apresentadas no capítulo 6, ajustadas para pôr o foco no gestor, como uma forma de descobrir o que se passa na cabeça dele e o que fazer para ajudá-lo. Por exemplo, você pode perguntar a ele: "Quais são suas prioridades nos próximos dias e o que posso fazer para ajudá-lo nisso?". Uma oferta de ajuda partindo de você com certeza será bem recebida, embora não seja o propósito primordial da reunião individual. Trata-se na verdade de uma gentileza que possivelmente aumentará a tendência de que outros se prontifiquem em ajudá-lo (ajuda gera ajuda).

#8
Peça feedback

Quando estamos em busca de feedback, convém ir direto ao ponto e ser específico. Eis algumas boas perguntas que podemos fazer ao gestor para obter conselhos úteis:

- O que estou fazendo bem e no que posso melhorar?
- Quais são meus pontos fortes e onde posso me desenvolver mais?
- Quais são minhas fraquezas em relação a... (*inserir um tópico de trabalho*)?
- Que conhecimento ou habilidades extras me tornariam mais eficaz nessa função?
- Que conselho você me daria para eu me destacar e progredir nesta organização?
- Como você enxerga meu futuro, participando de sua equipe e de sua organização?
- Quais conhecimentos ou habilidades preciso trabalhar e desenvolver mais para chegar aonde quero do ponto de vista da carreira?

Além disso, pode ser útil perguntar "Há algo mais?" após receber o feedback. Isso permite que seu gestor reflita e acrescente qualquer coisa que eventualmente tenha deixado escapar.

Também encorajo você a adotar o conceito de feedforward comentado anteriormente, uma incrível abordagem desenvolvida por Marshall Goldsmith, que foca comportamentos futuros em vez de erros do passado.[4] O feedforward foi criado para não fazer juízo de valor, empoderar e inspirar. Isso pode ajudar em um processo de quatro etapas:

1. **Identifique sua meta ao solicitar feedback.** Qual comportamento, geralmente sob seu controle, você gostaria de melhorar? Ou qual comportamento, na sua opinião, atrapalha a sua capacidade ou a capacidade da outra pessoa de prosperar e ter sucesso. Isso pode incluir comportamentos associados a trabalho em equipe, produtividade pessoal, enaltecer os outros e promover seu bem-estar, tratar de uma questão profissional, lidar com pessoas difíceis, resolver conflitos ou situações tensas, administrar a carga de trabalho, promover mais inovação e assim por diante. Após identificar o(s) comportamento(s), comunique claramente que você gostaria de melhorar em A, B ou C e descreva o motivo por trás disso, para ter certeza de que ficou claro.
2. **Peça sugestões.** Concentre-se em soluções orientadas para o futuro e abstenha-se de fazer referências ao passado. Eis alguns exemplos: "Quero aprender a priorizar melhor as coisas — o que sugere para eu me aprimorar nesse comportamento?"; "Quero aperfeiçoar minhas habilidades em resolver conflitos entre os integrantes da equipe — quais são as melhores maneiras de fazer isso, na sua opinião?"; "Acho fascinante como algumas pessoas conseguem lidar tão bem com o estresse — a seu ver, qual é a chave para administrar isso no trabalho?". Para facilitar, talvez seja melhor pedir apenas duas sugestões, tornando a tarefa mais maleável. O processo todo pode levar apenas dois a três minutos.

3. **Receba o feedback sem ficar na defensiva.** Escute o que a outra pessoa tem a dizer. Pergunte para tentar compreender, mas sem entrar em discussão. Você pode pedir esclarecimentos, mas não avalie as soluções do gestor no momento — apenas agradeça pelas sugestões. Afinal, elas não passam disso, e no fim das contas é você quem vai decidir quais mudanças tentará fazer.
4. **Utilize o feedback.** Tome notas sobre o que aprendeu, reflita sobre elas, depois experimente novos comportamentos. O capítulo 13 traz um conteúdo adicional sobre realizar mudanças comportamentais positivas.

As avaliações de feedforward oferecem percepções sobre como uma situação pode ser melhorada no futuro, em vez de focar em comportamentos pregressos positivos ou negativos. Afinal, não podemos mudar o passado, mas o futuro, sim. O feedforward evita que façamos juízos de valor e é empoderador e inspirador. O que o torna tão poderoso é o fato de que, embora as pessoas muitas vezes tenham receio de receber feedback, em geral ficam animadas em dar e receber feedforward. Isso acontece porque o feedforward é uma tentativa otimista de focar nas soluções, não nos problemas. A propósito, o feedforward não deixa a pessoa na defensiva, uma vez que a conversa se refere a um caminho adiante, não a um incidente passado. Isso rende sugestões a serem consideradas por você, não um decreto a ser cumprido ou correções a serem feitas. No geral, o feedforward trata de possibilidades para a mudança positiva. Ele ajuda a pessoa a crescer e se desenvolver sem a tensão negativa que receber o feedback sobre comportamentos passados pode acarretar. Além do mais, todo mundo pode se beneficiar do feedforward. De fato, a maioria descreve o processo como edificante e divertido.

> *O feedforward tem como vantagem o fato de que a prática pode ser aplicada fora da reunião individual ou até do local de trabalho. A única exigência é que a outra pessoa esteja mais amplamente familiarizada com a área de crescimento. Até familiares e amigos estão em posição de fazer isso, se desejado.*

#9
Receba bem o feedback

Às vezes, escutar um feedback negativo pode ser desafiador, mesmo que estejamos abertos. Embora isso possa ser um problema, na verdade há uma maneira de nos treinarmos para receber qualquer tipo de feedback como uma ferramenta útil. Pessoas realmente aptas a receber feedback — bom ou ruim — começam por agradecer quem o compartilhou. A seguir, fazem perguntas aprofundadas para obter maior compreensão do problema levantado. Também sabem que nem todo mundo é bom em transmitir feedback e que a maneira como ele é comunicado pode variar. Entretanto, continuam a ter uma apreciação geral do que o feedback pode oferecer. Aliás, evitam falar quando estão agitadas, pois isso pode fazer as coisas entrarem numa espiral descendente. Vale a pena notar também que o recebimento de feedback não significa que tenhamos de abordar tudo que foi dito. O capítulo a seguir discute um processo para fazer progresso em ações e trabalhar para administrar as percepções dos outros em relação a seus esforços, incluindo o momento certo de receber feedback.

#10
Expresse gratidão

Por fim, mostre reconhecimento pelo tempo e pelos conselhos de seu gestor. Mesmo que você não esteja de acordo com tudo que ouviu, certamente encontrará razões para agradecer. Isso o elevará como pessoa (ser grato é fundamental para o bem-estar) e poderá melhorar seu relacionamento com ele. Ao manifestar sua gratidão, eis alguns pontos para ter em mente:

1	Tudo bem exagerar um pouco no entusiasmo de vez em quando. Por exemplo: "Você não vai acreditar como isso me ajudou. Muito obrigado!", ou "Não tenho palavras para agradecer tudo que você fez por mim!".
2	Tente ser específico no que puder, de modo a enfatizar ainda mais sua gratidão. Por exemplo: "Apreciei imensamente seu ponto de vista sobre determinada coisa".
3	Não se esqueça de fazer contato visual e sorrir ao comunicar sua gratidão.
4	Varie a forma como transmite sua gratidão para que ela seja mais perceptível.
5	Expresse suas emoções como parte da gratidão. Por exemplo: "Seu apoio significa muito para mim" ou "Graças a você me sinto perfeitamente compreendido e ouvido".

No geral, os dez comportamentos descritos neste capítulo têm a ver com fazer sua parte em garantir o sucesso da reunião individual. Os comportamentos de seu gestor são absolutamente cruciais, mas a coisa só funciona quando o outro lado cumpre sua parte de maneira efetiva. Ao mesmo tempo, esses comportamentos se refletem em você como pessoa e melhoram sua imagem diante do gestor.

DEVO OFERECER MEU FEEDBACK AO GESTOR?

Permita-me começar citando três frases bastante espirituosas, mas que contêm uma semente de verdade respondendo à pergunta acima:

"Feedback é ótimo, tirando quando o outro não está interessado."
"Dar feedback ajuda a solidificar a relação, exceto quando a outra pessoa acha você totalmente equivocado."
"Os outros querem saber o que pensamos, menos quando não gostam de você."

Fornecer feedback a alguém numa posição superior a nós, seja solicitado ou não, pode ser uma saia justa, mas é possível. Além do mais, o feedback, uma vez transmitido, em geral leva a resultados positivos tanto para o subordinado como para o gestor. Primeiro, é importante determinar se não se trata de uma tempestade em copo d'água. Dedique algum tempo a refletir se a questão justifica uma conversa e um feedback. Em seguida, pergunte-se se a situação não pode se resolver naturalmente. Se continuar achando que o feedback será útil para seu gestor, questione-se se os potenciais custos não superam os potenciais benefícios. Em outras palavras, até que ponto isso é importante para você? Um modo de fazer essa avaliação é observar como o gestor reage ao feedback — por exemplo, lembrando como reagiu a um feedback de outras pessoas ou seu no passado. Ele se mostrou aberto a escutar ou ficou na defensiva? Se, apesar dessas ressalvas, ainda assim parecer que vale a pena, a seguir há um possível processo para ser adaptado ao seu estilo.

PREPARATIVOS PARA FORNECER FEEDBACK

- Como preparação para a reunião, avise seu gestor com antecedência sobre sua intenção de dar um feedback, a fim de não pegá-lo de surpresa, e prepare o terreno para uma conversa construtiva.
- Pense cuidadosamente nas possíveis reações dele ao seu feedback. Reflita sobre o que você pretende responder. O preparo é crucial.
- Lembre-se de que é provável que você não esteja plenamente ciente de todo o contexto. Por exemplo, talvez as decisões do seu gestor sejam influenciadas pela pressão de acionistas.
- Treine o que pretende dizer. Isso lhe permitirá focar na tarefa diante de si quando chegar o momento e comunicar seu feedback da maneira mais clara possível, sem ser distraído pelo nervosismo.

COMO FAZER ISSO DE FORMA RESPEITOSA, PONDERADA E CONSTRUTIVA?

- Obtenha consentimento. Em outras palavras, inicie a conversa perguntando se o gestor continua aberto a receber feedback sobre determinado assunto.
- Comece manifestando sua gratidão por ele se dispor a ouvir o que você tem a dizer e especifique suas intenções. Transmita o feedback de maneira construtiva e útil.

- Identifique a que situação o feedback diz respeito.
- Explique seu ponto de vista sobre o(s) comportamento(s) específico(s).
- Descreva o impacto que esse(s) comportamento(s) exerce(m) sobre você, se for o caso.
- Indique maneiras específicas pelas quais o(s) comportamento(s) dele talvez estejam inibindo seus objetivos, se for o caso.
- Concentre-se em ajudar seu gestor a melhorar, não em como você agiria diferente se estivesse na pele dele.
- Quando a conversa terminar, lembre-se de agradecê-lo por se mostrar aberto a escutar suas preocupações e a ser receptivo ao feedback. Se for o caso, ofereça seu apoio para ajudá-lo a abordar o feedback compartilhado.

Após terminar de fornecer seu feedback, faça uma pausa e dê ao gestor tempo suficiente para digerir suas palavras e respondê-las adequadamente. Isso exige certa paciência. Caso ele se mostre na defensiva ou irritado, pode ser útil se desculpar pelo impacto de seu feedback, devido à maneira como o levou a refletir e se sentir — por exemplo: "lamento que isso o tenha deixado chateado". Reafirme suas intenções e faça perguntas de esclarecimento, se necessário.

PONTOS PRINCIPAIS

- **A reunião individual é uma dança.** O subordinado desempenha um papel ativo em fazê-la fluir.
- **Os dez comportamentos essenciais do subordinado.** O subordinado precisa assumir um papel ativo na reunião individual para extrair o máximo proveito dela. Dez comportamentos são fundamentais nesse aspecto: (1) esteja ciente de suas necessidades; (2) seja curioso; (3) crie uma relação de confiança; (4) envolva-se ativamente; (5) comunique-se bem; (6) ajude a solucionar problemas; (7) peça ajuda (de forma construtiva); (8) peça feedback; (9) receba bem o feedback; (10) expresse gratidão.
- **Esses comportamentos são relevantes também para o gestor.** Embora o subordinado deva observar tais comportamentos para aumentar a eficácia da reunião individual, eles são igualmente relevantes para o

gestor. Por exemplo, o gestor também precisa estar ativamente engajado na reunião.

- **O subordinado pode dar feedback, mas mostrando consideração.** Embora possa ser um pouco intimidante, tanto você como seu gestor podem se beneficiar do feedback oferecido a um superior. Entretanto, é importante fazer isso de forma ponderada. Avise-o com antecedência sobre sua intenção de fornecer feedback. Ao falar, seja respeitoso, atencioso e construtivo, para que seja maior a probabilidade de ele receber o feedback de forma menos defensiva.

FERRAMENTAS

Duas ferramentas são apresentadas a seguir para ajudar o gestor a conduzir a reunião individual:

1. Checklist dos preparativos para facilitar a reunião individual
2. Questionário verdadeiro/falso de habilidades para lidar com emoções negativas durante as reuniões individuais

CHECKLIST DOS PREPARATIVOS PARA FACILITAR A REUNIÃO INDIVIDUAL

Esta ferramenta serve como lembrete para facilitar a reunião individual.

FACILITAÇÃO EFETIVA: PRINCIPAIS COMPORTAMENTOS		
CATEGORIA	PRINCIPAIS COMPORTAMENTOS	
Expressão	• Comece num tom positivo para estimular o subordinado a falar.	[ ]
	• No início da reunião individual, faça um follow-up do plano de ação previamente discutido.	[ ]
	• Mostre que você valoriza o ponto de vista do subordinado.	[ ]
	• Adote uma linguagem corporal adequada e mantenha o contato visual.	[ ]
	• Administre o clima da reunião para fortalecer a confiança.	[ ]
	• Ofereça motivação, empoderamento, suporte e inspiração ao subordinado.	[ ]
	• Encoraje o diálogo aberto.	[ ]
Esclarecimento e compreensão	• Parafraseie o que escutou.	[ ]
	• Permaneça neutro durante o processo decisório.	[ ]
	• Escute ativamente para que o subordinado se sinta correspondido e compreendido.	[ ]
	• Apresente questões de follow-up para gerar clareza sobre os motivos.	[ ]
	• Sintetize tanto suas ideias como as do subordinado.	[ ]
	• Faça perguntas que conduzam à raiz dos problemas.	[ ]
Solução de problemas	• Teste ou desafie educadamente as suposições do subordinado.	[ ]
	• Forneça orientações, apoio, sugestões e conselhos.	[ ]
	• Trabalhe os problemas de forma colaborativa.	[ ]
	• Identifique o apoio e os recursos disponíveis para o subordinado.	[ ]
	• Permita que o subordinado resolva o problema primeiro, depois ofereça sugestões.	[ ]
	• De preferência, fique em silêncio durante a reunião individual.	[ ]

FACILITAÇÃO EFETIVA: PRINCIPAIS COMPORTAMENTOS	
CATEGORIA	PRINCIPAIS COMPORTAMENTOS
Elaboração das próximas etapas	• Tome nota para registrar as ideias. [ ]
	• Comunique claramente as expectativas para o plano de ação. [ ]
	• Certifique-se de que o plano de ação seja específico, exequível e com prazo definido. [ ]
	• Resuma os principais pontos discutidos. [ ]
	• Estabeleça as tarefas do plano de ação ao fim da reunião. [ ]
	• Assegure-se de que haja concordância quanto ao plano de ação. [ ]
	• Faça o follow-up do plano de ação ao fim da reunião para atribuir as responsabilidades. [ ]
Acompanhamento da pauta	• Comece pelos tópicos prioritários. [ ]
	• Utilize a pauta, mas sem fazer dela uma muleta. [ ]
	• Seja flexível quanto à conversa que o subordinado quer ter. [ ]
	• Assegure-se de que os principais pontos sejam discutidos. [ ]
	• Não deixe a conversa perder o rumo. [ ]
	• Observe o andamento para que a reunião termine no horário. [ ]
	• Transfira os tópicos não abordados para a reunião seguinte. [ ]
	• Discuta os tópicos não abordados fora da reunião, se necessário. [ ]
	• Encerre demonstrando gratidão. [ ]
APLIQUE AS SEGUINTES RECOMENDAÇÕES A TODOS OS COMPORTAMENTOS:	
Escutar e responder com empatia. [ ]	
Transmitir autenticidade e transparência. [ ]	
Envolver adequadamente o subordinado. [ ]	
Ser gentil e solidário. [ ]	
Demonstrar a vulnerabilidade adequada. [ ]	

QUESTIONÁRIO VERDADEIRO/FALSO DE HABILIDADES PARA LIDAR COM EMOÇÕES NEGATIVAS DURANTE AS REUNIÕES INDIVIDUAIS

Numa reunião individual, às vezes afloram emoções negativas, como a raiva. No entanto, há algumas coisas que podemos fazer para lidar efetivamente com essas situações difíceis, mas inevitáveis. A ferramenta a seguir testa seu conhecimento de como fazer isso.

Instruções

A seguir há uma lista de afirmações para lidar com a raiva e outras emoções negativas numa reunião individual. Leia os itens e assinale se a afirmação é verdadeira ou falsa. Ao final, verifique suas respostas com o gabarito.

Questionário verdadeiro/falso

AO LIDAR COM A RAIVA E OUTRAS EMOÇÕES NEGATIVAS NUMA REUNIÃO INDIVIDUAL, DEVEMOS...	VERDADEIRO/ FALSO	CORRETO?
1. Tentar fazer o subordinado explicar por que está com raiva.		
2. Dar nossa opinião imediatamente.		
3. Informar imediatamente ao subordinado que discordamos de seu ponto de vista.		
4. Escutar ativamente os pontos de vista do subordinado.		
5. Dizer imediatamente em que achamos que ele está errado.		
6. Encorajar o subordinado a explicar como se sente.		
7. Comunicar que não apreciamos sua reação irritada.		
8. Reagir imediatamente ao que estivermos sentindo.		
9. Evitar fazer perguntas que levem o subordinado a mergulhar mais fundo no problema.		
10. Demonstrar empatia com a perspectiva de seu subordinado sobre a situação.		

AO LIDAR COM A RAIVA E OUTRAS EMOÇÕES NEGATIVAS NUMA REUNIÃO INDIVIDUAL, DEVEMOS...	VERDADEIRO/ FALSO	CORRETO?
11. Tratar das questões imediatamente, mesmo que o subordinado continue irritado.		
12. Assumir a responsabilidade e se desculpar por seu papel na situação.		
TOTAL DE RESPOSTAS CORRETAS:		

Gabarito

Eis as respostas para as questões de verdadeiro ou falso. Use a lista e assinale as questões que acertou. Depois, some as respostas corretas no fim da coluna.

1.	Verdadeiro	7.	Verdadeiro
2.	Falso	8.	Falso
3.	Falso	9.	Falso
4.	Verdadeiro	10.	Verdadeiro
5.	Falso	11.	Falso
6.	Verdadeiro	12.	Verdadeiro

Interpretação

- **10-12 corretas.** Excelente resultado! Continue a usar essas habilidades para lidar com situações desafiadoras numa reunião individual.
- **7-9 corretas.** Bom trabalho! Revise suas respostas incorretas para ajudar a lidar ainda mais eficientemente com essas situações desafiadoras numa reunião individual.
- **0-6 corretas.** Revise suas respostas incorretas e use o conteúdo do livro para ajudá-lo a se orientar melhor nas reuniões individuais.

Parte III

Depois da reunião

Esta seção do livro fala sobre como proceder após a reunião individual para consolidar o sucesso dela e extrair seu máximo proveito. Depois nos debruçaremos sobre como avaliar as reuniões individuais, determinar se estão de fato fazendo diferença, e aquilo que precisa ser mudado para fazê-las funcionar de forma ideal para os dois lados.

A reunião individual entre um gestor e seu subordinado é provavelmente a principal e mais importante maneira de construir uma relação mutuamente gratificante. É essencial para o sucesso da liderança. Sem tal relação, a confiança é prejudicada e, com ela, a disposição dos funcionários em respaldar e seguir a liderança do gestor de forma profunda e genuína.
Executivo da Trane Technologies

O objetivo da reunião individual é promover uma conexão significativa. Trata-se de uma ocasião capaz de exercer um efeito relevante na imagem que a equipe tem de sua liderança, no trabalho que realizam e na relação deles com a empresa. Ela pode fazer toda a diferença no dia, na semana ou até mesmo no ano de um funcionário. Possivelmente, não há nada mais importante do que a reunião individual. O impacto desses momentos pessoais a longo prazo é enorme e deve ser levado a sério.
Executivo da Deloitte

12. A reunião acabou, e agora?

Imagine a seguinte situação. Dois funcionários — Jamel e Dave — prestam contas a Rosario. Um dia, ambos têm reuniões individuais. Jamel deixa a reunião com um plano de ação. Então cumpre seus compromissos. Dave igualmente sai com um plano de ação. Entretanto, não cumpre o que prometeu. Com frequência, ao tentar explicar esses dois padrões opostos de comportamento, simplesmente concluiríamos que Jamel é uma pessoa motivada, enquanto Dave, não. Jamel tem iniciativa, e Dave é preguiçoso. Jamel tem um futuro brilhante pela frente, e Dave, não. Mas uma análise da pesquisa sobre o motivo de os compromissos muitas vezes não serem cumpridos lança uma luz mais nuançada sobre o raciocínio simplista de que Jamel é ótimo e Dave não presta.

Eis aqui sete razões inter-relacionadas para compreender melhor por que alguns compromissos não são respeitados. Nesse caso, usaremos Dave como exemplo.

RAZÃO 1	Dave não estava comprometido com a ação em questão.
RAZÃO 2	Dave talvez tenha achado que cumpriu o prometido, mas os outros não veem dessa forma.
RAZÃO 3	Dave esqueceu o que prometera fazer.
RAZÃO 4	Dave não teve tempo de cumprir seus compromissos.
RAZÃO 5	Dave não priorizou seus compromissos.
RAZÃO 6	Dave descobriu que não é dotado de autonomia, habilidades ou capacidade para realizar o que prometeu.
RAZÃO 7	Algo impediu Dave de cumprir os compromissos assumidos.

Várias observações ocorrem quando olhamos esse conjunto diverso de explicações. Primeiro, seria de esperar que a razão 1 fosse irrelevante se a reunião individual (onde o plano de ação veio à tona) tivesse sido conduzida de forma a atender de fato às necessidades pessoais. Ou seja, se o subordinado se sentiu escutado, respeitado e genuinamente envolvido na busca por soluções, seu comprometimento com as tarefas planejadas deveria ser alto. Os demais motivos recaem em duas categorias principais que limitam o sucesso: falta de clareza (razões 2 e 3) e questões pessoais ou situacionais (razões 4 a 7). A boa notícia é que existem maneiras de remover esses empecilhos. Os comportamentos apresentados a seguir são relevantes para suas tentativas pessoais de cumprir seus compromissos e também podem servir como orientação para compartilhar com seus subordinados e ajudá--los em suas ações.

GERANDO CLAREZA

A clareza de compromissos tem muito a ganhar com uma documentação compartilhada. Para isso, finalize e distribua as anotações da reunião individual (não a ata completa) cerca de 24 a 48 horas após seu encerramento. Embora *ambas* as partes devam tomar notas durante a reunião, cabe a um dos dois preparar seu resumo posteriormente (pode haver um rodízio dessa responsabilidade). Em seguida, a outra pessoa faz uma atualização, se necessário, culminando em um texto final. As anotações normalmente se dividem em duas partes principais, uma opcional e a outra obrigatória:

Opcional:	Resumos da conversa sobre cada tópico da pauta.
Obrigatório:	Uma lista de itens de ação (incluindo ações de apoio), especificando quem está fazendo o quê, bem como um cronograma de expectativas e prazos.

Eis um exemplo do que poderia ser compartilhado após a reunião:

Nossa reunião individual de 28 de agosto de 2023 – ↗ ✕

jane@company.com

Nossa reunião individual de 28 de agosto de 2023

Jane,

A nossa reunião de hoje foi ótima. Aqui está o que achei da nossa conversa. Por favor, tire um momento para refletir sobre ela e diga-me se deixei escapar alguma coisa ou se há algo que precisa ser alterado:

- Entregarei os dados de previsão regional até o fim da semana.
- Você ficou de me enviar um cronograma atualizado da gestão de projeto até segunda que vem. É bastante importante que você me indique em que partes quer minha colaboração.
- Estou ansiosa em saber como caminhará sua apresentação para o marketing. Adorei as ideias que discutimos.
- Por favor, me diga se posso ajudar você a resolver aquele conflito entre Sasha e Gordon. Torço para que a estratégia que discutimos funcione. Posso enviar nosso módulo de aprendizado interno sobre resolução de conflitos. Avise-me.
- Sobre a questão do plano de carreira, você ficou de escolher um programa de treinamento para continuar a desenvolver as habilidades necessárias para seu progresso desejado.
- Obrigada por compartilhar comigo o dilema que você está enfrentando em cuidar de uma pessoa idosa. Por favor, me diga como posso ajudar quando for necessário.

Tenha um ótimo dia,
Maria
Gestora

Esse tipo de documentação serve como uma espécie de contrato, deixando todos na mesma página, além de promover a responsabilização e ampliar as chances de que ocorra uma ação positiva. O registro também ajuda no preparo e no follow-up de futuras reuniões, já que pode ser consultado quando for criada a pauta para o encontro seguinte. Além disso, as anotações funcionam como um arquivo da trajetória do funcionário (especialmente o monitoramento de temas e problemas ao longo do tempo), algo que pode ser útil quando precisamos realizar ações pessoais formais, como avaliações de desempenho, promoções e novas atribuições.

Em uma pesquisa com Jack Flinchum, meu aluno de doutorado, verificou-se que tomar notas na reunião individual está positivamente associado à avaliação da efetividade geral do gestor feita pelos subordinados. Qual o motivo dessa correlação? Postulamos que o gestor que faz anotações na reunião é alguém que a leva mais a sério, está mais motivado para tomar providências acerca do que foi combinado e tem maior propensão a apoiar o subordinado. Esses comportamentos provavelmente fazem o gestor parecer mais eficiente aos olhos da equipe, mesmo fora das reuniões. Além do mais, um gestor que toma notas na reunião individual tende a ser percebido pelo subordinado como mais presente, motivado e comprometido.

MOTIVANDO A AÇÃO E SUPERANDO PROBLEMAS PESSOAIS E SITUACIONAIS

As consequências por não honrar um compromisso são significativas. Primeiro, o óbvio: compromissos não respeitados podem sabotar o progresso e a eficiência. Segundo, deixar de cumprir um compromisso prejudica a reputação e o status de quem incorreu na negligência. A pessoa está basicamente pondo o próprio nome em risco, o que pode em última análise impedir seu progresso na carreira. Para aumentar suas chances de cumprir os compromissos e permanecer motivado nesse intuito, considere as três ações especificadas no parágrafo a seguir. Elas foram concebidas para aumentar a motivação e oferecer uma orientação extra para ajudar a superar os obstáculos.

Primeiro, providencie um parceiro de responsabilidade. Conte a essa pessoa (que pode ser um colega de trabalho, um amigo, um cônjuge) qual foi o compromisso firmado na reunião. Isso aumenta implicitamente a pressão para providenciar a implementação do que ficou combinado. O parceiro de responsabilidade também pode oferecer conselhos, orientação e apoio conforme necessário para ajudá-lo a progredir e superar os desafios. Consulte-o regularmente. Isso manterá você motivado. Segundo, programe um momento para cumprir o combinado. As coisas que deixamos agendadas em geral são feitas. Assim, reserve um período no dia (ou a cada tantos dias ou tantas semanas) para tentar cumprir o que prometeu. Da mesma forma que raramente perdemos uma reunião marcada na agenda, programe um horário para trabalhar em seu compromisso de modo a aumentar as chances de ele ser respeitado. Terceiro, se estiver com dificuldade para se motivar a trabalhar no que ficou combinado, comece devagar e encontre estímulo aos poucos. Os pequenos progressos encorajam mais progresso.[1] Você pode inclusive monitorar sua evolução para intensificar o foco — fazer isso costuma ser estimulante.

Para ajudar a motivar a mudança e o progresso, considere experimentar a abordagem da pergunta diária para impulsionar a mudança, sugerida por meu mentor, Marshall Goldsmith.[2] Crie uma planilha contendo os principais comportamentos e ações em que estiver trabalhando formulados como questões. Por exemplo: "Fiz o meu melhor hoje para me comunicar com meus funcionários remotos?"; "Fiz o meu melhor hoje para reconquistar clientes insatisfeitos?"; "Fiz o meu melhor hoje para responder aos e-mails de maneira oportuna?"; "Fiz o meu melhor hoje para evitar provar que estava com a razão quando o assunto não valia a pena?". Em cada uma dessas questões, atribua diariamente uma pontuação a si mesmo (as colunas da planilha devem ser organizadas por data). Responda todo dia, sem falta (faço isso toda noite, às oito). O procedimento lhe permitirá manter o foco no que está trabalhando, e você pode acompanhar sua própria evolução. Se não estiver obtendo o progresso desejado, analise a situação, procure apoio, caso necessário, e continue insistindo.

Marshall Goldsmith compartilhou algumas reações de clientes em sua pesquisa sobre essa abordagem.[3] Uma das respostas capta perfeitamente como muitos entrevistados se sentiram: "Após alguns dias, quando soube que mais tarde teria de responder à pesquisa, tentei estruturar meu dia e ser mais decidido em minhas interações com os outros, além de mais cuidadoso no modo como gastava meu tempo". Um dia repleto de pontuações irrepreensíveis não é uma meta realista. Haverá contratempos ao longo do processo. Mas, no geral, essa abordagem energiza a ação e a mudança na busca por seus objetivos. Para estimular ainda mais seu progresso, considere dar a si mesmo algumas recompensas simples (como uma pausa no trabalho, algo para petiscar, uma atividade prazerosa) por progredir em seu compromisso.

Há uma técnica adicional que aprendi com Marshall para ajudar a motivar a mudança e promover uma nova percepção entre os principais interessados: quando as ações abordadas estão centradas na pessoa, queremos que aqueles em nosso entorno notem o que estamos fazendo. Queremos que os demais vejam como estamos empenhados em tentar fazer nosso melhor. Isso gera empatia, de modo que, ao cometermos deslizes (que são inevitáveis), eles nos proporcionem o benefício da dúvida, em vez de simplesmente pensar "olha só, o Dave não está nem aí". É algo mais ou menos assim:

1	Identifique alguns dos principais interessados – aqueles que estão conectados ou são afetados pela ação em que você está trabalhando.
2	Informe cada interessado (ou subgrupo de interessados) sobre o que você está fazendo.
3	Peça recomendações a eles sobre como progredir, digamos, nos dois primeiros meses.
4	Após esse intervalo de tempo, verifique com eles como foram as coisas. Peça-lhes recomendações adicionais para os próximos dois meses.
5	Consulte-os ao fim dos dois meses – continue repetindo o processo.

Tais ações ajudam os demais a enxergar o que você está fazendo e compreender seu empenho e dedicação, e fazem desses interessados parte de sua "equipe de mudança". Tudo isso, combinado às recomendações deles, aumenta a probabilidade de as pessoas notarem o que está sendo feito.

> *Se você simplesmente não conseguir fazer isso funcionar e acabar faltando com um compromisso, assuma a responsabilidade. Peça desculpa às partes afetadas. Explique o que aconteceu, pergunte o que pode fazer para remediar a situação e tome providências para que isso não volte a acontecer.*

DANDO FOLLOW-UP E APURANDO RESPONSABILIDADES

Até aqui me debrucei sobre os compromissos de um dos participantes na reunião individual. Mas há dois lados nessas reuniões, e em geral é o caso de ambos se comprometerem a algo. Se você realizou seu plano de ação (ou parte dele) e a outra pessoa não, eis algumas ideias sobre como proceder para estimulá-la a agir:

1. Comunique seu progresso e a conclusão da tarefa à outra pessoa. Isso normalmente a leva a tomar uma atitude e gera pressão positiva para agir — mas nem sempre. Um lembrete pode ser necessário.
2. Cobre a outra parte, mas não todo dia. Não adote uma regularidade agressiva. Talvez seja útil, para não esquecer, agendar algumas datas no calendário e verificar como ela está progredindo.
3. Sinalize a mesma sequência de e-mails para que todos possam ser encontrados num só lugar.
4. Procure a pessoa por outros meios quando necessário, passando em sua sala, por exemplo.
5. Mude o conteúdo de cada lembrete ou estímulo. Acrescente novos detalhes, informações e perguntas para que palavras de estímulo não soem tanto como cobrança.
6. Mostre empatia e seja educado em suas comunicações, usando frases do tipo "sei como está ocupado...". A brevidade, o calor humano e a empatia em relação à programação dos demais serão mais bem recebidos do que um lembrete curto e grosso. Considere também frases como "só para lembrar..." ou "se me permite a sugestão...".

Assim que a outra pessoa concluir a ação, manifeste seu apreço e gratidão. Se depois de suas palavras de estímulo os compromissos ainda não tiverem sido cumpridos, isso pode ser investigado e analisado em uma futura reunião individual, de modo a compreender melhor a situação e as eventuais dificuldades. Ao agir dessa forma, em vez de apenas apontar culpados ou se irritar, você está proporcionando ao outro lado o benefício da dúvida e transmitindo que compreende suas outras demandas. Procure se posicionar como um recurso. No fim das contas, o bom de reuniões individuais regulares e frequentes é que a responsabilização se constrói de forma natural — a outra parte provavelmente não precisará ser cobrada fora da reunião se não concluir as tarefas com as quais se comprometeu, pois isso pode ficar para a reunião seguinte, que não deve demorar.

Encerro deixando a dica de dois checklists fundamentais no fim desta parte do livro que o ajudarão a dar e receber feedback, bem como a promover a ação e apurar as responsabilidades.

PONTOS PRINCIPAIS

- **Cumpra o combinado.** Ao fim da reunião, é crucial que tanto o gestor como o subordinado apliquem os itens de ação prometidos. A falta de comprometimento prejudica a confiança e a relação de trabalho, bem como dificulta a efetividade das futuras reuniões.
- **Promessas quebradas normalmente são evitáveis.** Os compromissos deixam de ser cumpridos por muitas razões, e em geral isso não se deve ao fato de a pessoa ter evitado realizar a tarefa. Por exemplo, os itens de ação podem não ter ficado muito claros ou talvez haja empecilhos para cumprir o prometido.
- **Estabeleça compromissos de forma eficaz.** Diversas táticas podem ser usadas para assegurar que as promessas sejam mantidas. Mostre de forma cuidadosa do que trata o plano de ação, a fim de que a pessoa compreenda claramente o que deve realizar. Encontre maneiras de motivar e reduzir os obstáculos ao sucesso. Faça um follow-up com ela sobre o progresso individual de ambos.

13. A reunião funcionou?

Responda rapidamente, qual linha é mais longa, a de cima ou de baixo?

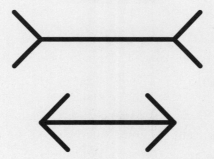

Outra vez, responda rápido, qual ponto preto é maior, o da esquerda ou da direita?

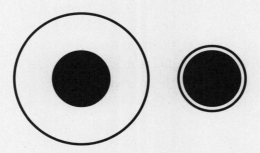

Curioso em saber as respostas? Na primeira figura, as linhas são do mesmo comprimento e, na segunda, os pontos são do mesmo tamanho. A maioria acha que as linhas e os pontos têm tamanhos diferentes porque somos enganados por nosso cérebro. Nossas percepções são com frequência imprecisas. Contudo, temos plena confiança nelas, já que estamos "vendo" com nossos próprios olhos. Eis mais um exemplo. O que você vê, olhando para esta imagem?

Você viu um vaso ou dois rostos se entreolhando? Nessa ilusão de ótica, ambas as repostas — embora completamente diferentes — estão corretas. O que percebemos se torna nossa verdade, e isso influencia não só como enxergamos o mundo à nossa volta, mas também nossos comportamentos. E o que isso tem a ver com a reunião individual? Ora, saber se a reunião está funcionando como esperávamos pode ser bastante desafiador. O principal problema é que nossa autopercepção, a ferramenta de avaliação mais próxima de que dispomos, é bastante imprecisa e sujeita a distorções — assim como essas ilusões de ótica.

Em um estudo, cerca de 4 mil executivos foram convidados a avaliar suas habilidades de coaching — algo fundamental para as reuniões individuais —, que foram avaliadas também por seus subordinados. Então, os dois conjuntos de pontuações foram comparados e não se alinharam muito bem. Um dos mais impactantes foi o caso de um grande número de executivos (24% da amostra) que se via como acima da média em termos de habilidades de coaching, enquanto seus subordinados os avaliaram no terço inferior. Uma diferença dramática! Como afirma o professor de psicologia David Myers, os seres humanos possuem forte tendência a superestimar seus conhecimentos, habilidades, aptidões e traços de personalidade em relação aos demais.[1] Curiosamente, esse efeito se aplica a muitos aspectos da vida, da opinião sobre as próprias habilidades como motorista à avaliação da própria inteligência. Acontece que não somos tão bons quanto achamos — muitas vezes, pensamos ser melhores do que somos.

No geral, você talvez ache que a reunião individual está correndo bem, mas seu subordinado pode ter outro ponto de vista. Posto isso, ao refletir sobre a qualidade da reunião, precisamos fazer de tudo para nos proteger de um viés positivo inflado sobre a sua eficácia. A seguir, três formas de fazer isso:

ESTRATÉGIA	DESCRIÇÃO
Foco na especificidade	Em vez de uma reflexão geral, desafie-se a identificar três momentos ou comportamentos específicos que deram certo e três que deram errado.
Mudança de perspectiva	Assuma o ponto de vista da outra pessoa e reflita sobre a reunião individual pondo-se "na pele dela". Enumere três coisas que seu subordinado diria que deram ou não deram certo. Enumere três coisas que seu subordinado diria para valorizar a reunião.
Foco nos comportamentos	Reflita sobre seus comportamentos: • Você utilizou técnicas de escuta ativa? • Escutou mais do que falou? • Consultou o subordinado para saber quais eram suas ideias e sugestões? • Você ou seu subordinado saíram da reunião com um plano de ação bem definido? • Você manifestou sua gratidão e apreço?

Essas três abordagens estimulam a reflexão crítica e podem diminuir as chances de que sua percepção sobre a reunião individual seja distorcida. Faça isso periodicamente após as reuniões. Tomará apenas alguns minutos do seu tempo, mas servirá de estímulo para seu aprendizado e aperfeiçoamento.

AVALIAÇÃO PELO SUBORDINADO

O ideal seria que os dois lados encerrassem a reunião individual sentindo--se valorizados, respeitados, apoiados e informados sobre os próximos passos, soluções e compromissos estabelecidos. Entretanto, em muitos aspectos, os sentimentos do gestor ao fim de uma reunião individual são irrelevantes. O motivo disso é que a reunião individual, por definição, destina-se ao subordinado. Assim, o valor que ele deposita na reunião individual é o principal critério para o sucesso dela: ele de fato achou a reunião individual valiosa para atender às suas necessidades práticas e pessoais? Se sim, ela foi um sucesso. Caso contrário, não foi tão bem-sucedida quanto deveria. Não me entenda mal, pode haver um feedback crítico sobre as ações (ou falta delas) dadas ao subordinado na reunião individual. Porém, quando realizado de forma efetiva, as necessidades práticas e pessoais do subordinado ainda assim podem ser atendidas nessas situações. Além disso, observe que não estou definindo o sucesso como felicidade e satisfação depois da reunião em si — embora isso com certeza seja um bônus, além de algo agradável. Na verdade, a meta é tornar a reunião valiosa para o subordinado com o atendimento de suas necessidades.

Para melhorar suas reuniões ao longo do tempo, comece por consultar o subordinado para receber seu feedback e saber suas ideias. Isso pode ser feito periodicamente, durante ou ao fim de uma reunião.

Eis algumas sugestões de perguntas:

1	Que parte da nossa conversa de hoje você considerou mais útil?
2	Esta reunião individual foi valiosa para você? Por que sim/não?
3	O que posso fazer diferente para tornar a reunião individual melhor para você?

Outra abordagem é questionar anonimamente todos os seus subordinados sobre o que está correndo bem ou não e escutar suas ideias de como melhorar a reunião individual. Você pode lhes pedir também para avaliar o valor geral dos encontros numa escala de até cinco pontos, e em seguida apresentar uma pergunta aberta para que expliquem sua classificação. Se surgirem temas novos nos dados, experimente outras táticas. Sua disposição em ajustar e fazer experimentos com as reuniões individuais é fundamental. E se a experiência não funcionar após, digamos, três meses, colete o feedback, reflita sobre o motivo de não ter dado certo e planeje os experimentos seguintes com delimitação de tempo, até ser razoavelmente bem-sucedido.

DEFASAGEM DOS INDICADORES DE SUCESSO

As reuniões individuais claramente influenciam os resultados a curto prazo, mas também podem influenciá-los no longo prazo. Embora os indicadores de longo prazo sejam influenciados por uma série de fatores extrínsecos à reunião individual, devem tender numa direção positiva se as reuniões forem frequentes e efetivas. Eis aqui uma série de indicadores de longo prazo para sua reflexão:

QUESTÕES	SIM/ NÃO
De forma geral, o engajamento dos funcionários de sua equipe está melhorando?	
As métricas de produtividade e retenção/rotatividade entre os integrantes da equipe estão caminhando numa direção positiva?	
A avaliação de desempenho dos funcionários está melhorando com o tempo?	
Seus subordinados vêm sendo promovidos para as funções que almejam?	
A avaliação de seu desempenho feita pelos seus subordinados tem melhorado com o tempo?	

A reunião individual geralmente representa um investimento de tempo, recurso e dinheiro. Como qualquer investimento, deve ser avaliada de forma multifacetada ao longo do tempo. O que funciona para sua reunião individual em um momento pode não funcionar dois meses depois, e o que funciona para um subordinado pode não funcionar para outro. Mesmo considerando que sua atual abordagem seja efetiva, tente novas estratégias para manter sua reunião com um caráter renovado e envolvente.

PONTOS PRINCIPAIS

- **A percepção da reunião individual pode estar distorcida.** Nossa mente é uma coisa poderosa. Ora trabalha a nosso favor, ora contra. Assim como no caso das ilusões de ótica, pode haver um viés no modo como enxergamos a reunião individual. Às vezes achamos que tudo correu às mil maravilhas, mas, para o subordinado, ela deixou a desejar.
- **Aplique estratégias para alinhar as perspectivas.** Diversas estratégias podem ser utilizadas para verificar a possível visão inflada sobre a efetividade de sua reunião individual. Ao refletir sobre elas, identifique áreas específicas que estão indo bem ou não. Adote o ponto de vista de seu subordinado ao avaliar a eficácia das reuniões. Por fim, concentre-se em seus comportamentos específicos durante a reunião e em como eles podem apoiar ou prejudicar a eficiência dela.
- **Descubra o ponto de vista do subordinado.** A essa altura, já sabemos que a reunião individual é voltada basicamente ao subordinado. Assim, seu valor depende da percepção do subordinado. Peça um feedback sobre como as reuniões estão sendo conduzidas. Com o feedback, faça algumas mudanças, observe como funcionam com o tempo e depois volte a avaliar.
- **Indicadores defasados.** A melhor maneira de perceber o sucesso e a eficácia de suas reuniões individuais no longo prazo é por meio dos indicadores. Por exemplo, os números de engajamento da equipe aumentaram? O desempenho melhorou e a rotatividade diminuiu? Os subordinados têm sido promovidos a novos cargos? Esses fatores de longo prazo podem ser apoiados por reuniões individuais efetivas, que representam um investimento em seu pessoal, sua equipe e sua organização.

FERRAMENTAS

Eis duas ferramentas relevantes tanto para a parte 2 como para a parte 3 do livro. Apresento ambas aqui pois foram desenvolvidas para promover a atribuição de responsabilidades e a mudança — aumentando as chances de que a reunião individual seja seguida de ações e fazendo dela um recurso ainda mais valioso.

1. Checklist para dar feedback e determinar responsabilidades de forma eficaz
2. Checklist para receber feedback e implementar mudanças de forma eficaz

CHECKLIST PARA DAR FEEDBACK E DETERMINAR RESPONSABILIDADES DE FORMA EFICAZ

Esta ferramenta serve para melhorar o feedback para seus subordinados e apurar as providências tomadas depois da reunião. Verifique item por item e assinale ao lado. Em seguida, use esses comportamentos para aumentar a efetividade do processo de feedback.

ESTÁGIO DO FEEDBACK	PRINCIPAIS COMPORTAMENTOS	
Subordinados solicitam o feedback (se aplicável)	• Mostre-se aberto à solicitação e sempre concorde em dar feedback.	[ ]
	• Peça ao subordinado para ser específico sobre o feedback desejado.	[ ]
	• Pergunte ao subordinado como ele prefere que o feedback seja fornecido.	[ ]
	• Agradeça ao subordinado por sua coragem em pedir feedback.	[ ]
	• Investigue o que levou seu subordinado a querer feedback.	[ ]
Você oferece o feedback	• Se o subordinado não pedir, pergunte se você pode dar seu feedback.	[ ]
	• Explique que o feedback é um auxílio, não uma punição.	[ ]
Forneça o feedback	• Forneça o feedback de maneira respeitosa.	[ ]
	• Fale sucintamente ao fornecer o feedback.	[ ]
	• Seja específico.	[ ]
	• Foque em comportamentos futuros (feedforward).	[ ]
	• Explique como o feedback pode ajudar o subordinado no futuro.	[ ]
O subordinado reflete	• Dê tempo ao subordinado para pensar sobre o feedback.	[ ]
	• Não fale enquanto ele estiver pensando.	[ ]
	• Lembre-se se de que não há problema em ficar em silêncio.	[ ]

ESTÁGIO DO FEEDBACK	PRINCIPAIS COMPORTAMENTOS	
O subordinado responde	• Escute ativamente o que ele tem a dizer sobre o feedback.	[ ]
	• Não fale enquanto ele estiver respondendo.	[ ]
	• Adote uma linguagem corporal adequada e mantenha o contato visual.	[ ]
	• Reconheça eventuais irritações ou outras emoções negativas que o subordinado possa manifestar.	[ ]
Planeje e apoie a mudança	• Agradeça ao subordinado por lhe permitir dar seu feedback.	[ ]
	• Responda às eventuais dúvidas que ele possa ter.	[ ]
	• Crie um cronograma para avaliar as mudanças de comportamento do subordinado.	[ ]
	• Estabeleça objetivos claros junto ao subordinado para implementar o feedback recebido.	[ ]
	• Pergunte ao subordinado como você pode ajudá-lo.	[ ]
Follow-up	• Pergunte ao subordinado como andam as mudanças.	[ ]
	• Anote quaisquer progressos observados com base no feedback.	[ ]
	• Use futuras reuniões individuais para fazer o follow-up do progresso.	[ ]
	• De tempos em tempos, lembre o subordinado sobre o feedback.	[ ]

CHECKLIST PARA RECEBER FEEDBACK E IMPLEMENTAR MUDANÇAS DE FORMA EFICAZ

Esta ferramenta serve como um checklist para receber e implementar efetivamente as mudanças discutidas no feedback. Verifique item por item e assinale ao lado — quanto mais, melhor. Use os itens não assinalados para melhorar o modo como você recebe e aplica o feedback futuramente.

ESTÁGIO DO FEEDBACK	PRINCIPAIS COMPORTAMENTOS	
Você solicita o feedback	• Seja específico ao solicitar o feedback desejado.	[ ]
	• Comunique suas necessidades de forma clara e concisa.	[ ]
	• Explique qual é a maneira ideal para você receber feedback.	[ ]
	• Identifique seus objetivos em relação ao feedback.	[ ]
	• Explique o que o levou a querer o feedback.	[ ]
Escute	• Escute ativamente o feedback que está recebendo.	[ ]
	• Não responda até que a outra pessoa tenha terminado de falar.	[ ]
	• Mantenha a mente aberta e demonstre curiosidade pelo feedback.	[ ]
	• Adote uma linguagem corporal adequada e mantenha o contato visual.	[ ]
	• Escute o feedback para compreendê-lo, em vez de contestá-lo.	[ ]
Pense	• Absorva o feedback e o que a outra pessoa tem a dizer.	[ ]
	• Controle sua irritação e eventuais emoções negativas.	[ ]
	• Evite ficar na defensiva.	[ ]
	• Lembre-se de que o feedback se destina a ajudá-lo.	[ ]
Agradecer	• Agradeça pelo feedback.	[ ]
	• Expresse gratidão mesmo que você não concorde com o feedback.	[ ]
	• Estabeleça uma relação de confiança demonstrando que valoriza o que a outra pessoa pensa.	[ ]

ESTÁGIO DO FEEDBACK	PRINCIPAIS COMPORTAMENTOS	
Discutir	• Demonstre compreensão sobre o feedback que acabou de receber.	[ ]
	• Esclareça possíveis dúvidas.	[ ]
	• Alinhe sua perspectiva sobre o feedback com a outra pessoa.	[ ]
	• Trabalhe junto com a outra pessoa para estabelecer metas de aplicação do feedback.	[ ]
	• Anote qualquer coisa que o ajude a implementar as mudanças discutidas.	[ ]
	• Determine como o progresso será avaliado e crie um cronograma.	[ ]
Mudar	• Use o feedback nas suas ações futuras.	[ ]
	• Pergunte-se diariamente como o feedback pode ser aproveitado.	[ ]
	• Crie uma planilha para monitorar seu progresso.	[ ]
	• Encontre um parceiro de responsabilidade para ajudá-lo.	[ ]
	• Reflita sobre seu progresso.	[ ]
Follow-up	• Faça um follow-up com a outra pessoa sobre desafios e obstáculos.	[ ]
	• Informe à outra pessoa caso precise de suporte.	[ ]
	• Discuta seu progresso em futuras reuniões.	[ ]
	• Conforme se aproxima o prazo final, reavalie em que pé você está.	[ ]

Parte IV

Tópicos especiais

Nesta última parte do livro, cobriremos alguns tópicos adicionais. Começo pelas reuniões individuais indiretas (ou seja, que pulam um nível hierárquico). Embora boa parte do que foi discutido no livro se aplique também a elas, há sutilezas e questões adicionais a serem consideradas. Depois, discuto sobre como evitar ficar atolado em reuniões. Por fim, no capítulo final, todas essas questões serão relacionadas.

A reunião individual diz respeito à construção de relacionamentos significativos com seus colegas de trabalho. Podemos afirmar que é a ferramenta mais poderosa para se comunicar de forma rica e profunda, dar e receber feedback, construir uma relação de confiança e alinhar as expectativas. Ao fazê-la, demonstramos que estamos comprometidos com o sucesso dos integrantes da equipe, ao mesmo tempo que promovemos um comprometimento emocional.
Executivo da TIAA

A reunião individual é uma ferramenta fundamental para engajar com a sua equipe num nível profundo e significativo. Essa conexão, por sua vez, ajuda a promover alinhamento e, mais importante, gera senso de propósito e parceria compartilhados.
Executivo da JP Morgan Chase

14. Quer dizer que existem reuniões individuais indiretas?

Se as suas ações inspiram outros a sonhar mais, aprender mais, fazer mais e ser algo mais, você é um líder.
John Quincy Adams

Que coisa mais terrível olhar por cima do ombro quando tentamos liderar e... não encontrar ninguém.
Franklin Roosevelt

As palavras dos ex-presidentes americanos acima pavimentam o caminho para este capítulo, uma vez que falam sobre a importância para os líderes de inspirar e conectar os outros. Um mecanismo para isso são as reuniões individuais indiretas — entre um subordinado e o gestor de seu gestor ou entre um gestor e o subordinado de seu subordinado. Deixe-me começar por alguns dados que coletei recentemente: 55% dos entrevistados afirmaram *não* realizar reuniões indiretas, enquanto 45%, sim. Ou seja, reuniões individuais fora do nível hierárquico já são uma atividade de trabalho para muitos (quase a metade). Entre os que as realizam, há grande variabilidade na frequência com que ocorrem. A periodicidade mais comum é trimestral. Em seguida, perguntei se as reuniões individuais indiretas são valiosas para os funcionários. Eis as respostas:

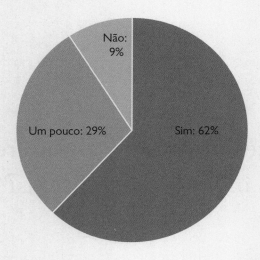

Esses resultados são notáveis. O fato de apenas 9% responderem "não" me intrigou. Claramente os entrevistados veem algum valor na atividade, embora a maioria dos líderes nunca tenha recebido treinamento formal sobre o tema. Assim, eu argumentaria que o potencial da reunião individual indireta deve ser bem maior. A última questão respondida na pesquisa foi: "Você gostaria de ter reuniões individuais indiretas?". Perguntei para toda a amostra de dados, tanto para os que as realizam atualmente como para os demais. A maioria, 57%, respondeu que sim. Entre os que disseram "não", três questionamentos foram feitos:

1. **No meu caso, não faz muito sentido**
    a. "O chefe do meu chefe é presidente do conselho diretivo, então eu diria que não."
    b. "Não, porque o gestor do meu gestor é o CEO, então não tenho essa expectativa."

2. **Não é necessário ter reuniões formais/As reuniões já são uma possibilidade**
    a. "Somos muito abertos por aqui; assim, se eu quiser conversar com nosso diretor, é só avisar."
    b. "Na verdade, não, já que posso procurá-lo quando quiser. Nossos diretores são muito acessíveis."

3. Não quero trabalhar mais próximo do líder indireto

    a. "Na verdade, não, ela é desorganizada e péssima em se comunicar. Gosto dela como pessoa, mas procuro passar o mínimo de tempo possível em sua presença."

    b. "Não. É um interino e, cá entre nós, não vou com a cara dele."

Algo que me pareceu extremamente interessante foi que os motivos elencados para rejeitar as reuniões individuais indiretas não refletiam uma discordância filosófica com o conceito. Tinham mais a ver com a pessoa na função, com o nível de cargo do subordinado ou com o fato de não serem necessárias, considerando outros canais de comunicação disponíveis. Entre os que responderam afirmativamente, manifestando seu desejo de ter reuniões individuais indiretas, dois temas inter-relacionados surgiram:

1. Bom para alinhamento e inspiração

    a. "Sim. Às vezes o que faço parece desconectado do trabalho geral da equipe. Acho que ajudaria a integrar meu trabalho ao deles e, talvez, melhorar o aproveitamento de minhas habilidades."

    b. "Seria ótimo ser informado das prioridades e receber feedback sobre áreas do meu programa diretamente do gestor do meu gestor."

    c. "Sim. Isso ajudaria a nos alinharmos e nos entendermos melhor."

    d. "Sim. Eu adoraria saber do gestor do meu gestor qual é sua visão estratégica para nossa organização."

2. Bom para fortalecer o relacionamento e aumentar a visibilidade

    a. "Sim. Para conhecer melhor o gestor e lhe fornecer uma compreensão mais ampla do meu trabalho."

    b. "Sim, para fortalecer esse relacionamento."

    c. "Sim. Para mim representaria a oportunidade de passar por uma mentoria executiva com o supervisor do meu supervisor e aprender diretamente sobre as preferências de informações e materiais necessários para a tomada de decisão, tanto dele como de meu supervisor direto. Seria uma oportunidade também de falar em meu próprio nome e criar um relacionamento direto, não uma abstração. Permitiria que eu descobrisse quais ferramentas e dicas mais contribuíram para seu sucesso ou o que na avaliação dele mais contribui para o sucesso de outros executivos no alto escalão."

d. "Me daria mais visibilidade na organização toda."

Os potenciais pontos positivos das reuniões individuais indiretas ficam certamente evidentes nas citações anteriores.

OBJETIVOS DAS REUNIÕES INDIVIDUAIS INDIRETAS

As reuniões individuais indiretas servem para uma série de propósitos. A seguir, listo os objetivos mais frequentemente mencionados pelos entrevistados:

- **Inteirar-se do que acontece.** Gestores indiretos estão a mais de uma camada hierárquica de distância dos subordinados de seus subordinados. Eles representam um canal para esses funcionários oferecerem feedback sobre seus projetos, equipes e a organização como um todo. Como sugeriu um entrevistado, valendo-se de uma analogia militar, ao conversar com os subordinados de nossos subordinados descobrimos "a realidade do campo de batalha". As reuniões indiretas são também um ótimo mecanismo para dar uma ideia de como seus próprios subordinados estão se saindo no papel de chefia, mas tenha em mente que isso não significa de modo algum "espionar" alguém. Como discutido ao longo deste capítulo, a função das reuniões indiretas não é sabotar o gestor. Posto isso, tais reuniões ajudarão a amenizar a preocupação comum de que os funcionários frequentemente abandonam maus gestores. As reuniões individuais indiretas podem abordar isso de forma aberta e construtiva. Elas proporcionam aos subordinados uma oportunidade de conversar sobre quaisquer questões administrativas ou de moral da equipe com um gestor acima do seu chefe imediato. E receber feedback do subordinado de seu subordinado direto é uma ótima maneira de aprender como ajudá-lo a melhorar enquanto gestor e evitar uma dispendiosa rotatividade.
- **Fortalecer a confiança.** É importante desenvolver e investir em relacionamentos com pessoas de diferentes níveis da empresa. O estabelecimento de relações indiretas ajudará os integrantes mais novos da equipe a permanecerem engajados e comprometidos com a organização. Se nos

empenharmos em construir uma relação de confiança com funcionários de níveis inferiores, eles se mostrarão mais propensos a nos procurar quando lhes ocorrer alguma ideia ou enfrentarem dificuldades e sentirem que não sabem a quem recorrer. As reuniões indiretas nos tornam mais humanos e acessíveis.

- **Obter feedback sobre ideias.** Os subordinados indiretos estão em uma posição vantajosa para avaliar e comentar nossas ideias e iniciativas. Por exemplo, a criação de um novo plano de incentivo para promover níveis mais elevados de qualidade de serviço interno e externo. O feedback dos subordinados indiretos nos ajudará a determinar se o plano é adequado para todos os níveis da organização e se ele será recebido da forma como imaginamos.
- **Compartilhar informações e orientar.** As reuniões individuais indiretas oferecem um espaço para compartilharmos informação de uma maneira mais pessoal, independentemente de se tratar de um projeto específico, da equipe ou da organização. Também são úteis para orientar sobre o plano de carreira ou discutir futuros marcos e objetivos. Escutar diretamente de você, como o gestor do gestor deles, pode ser incrivelmente útil para abraçar e aceitar mais profundamente as informações e orientações.

No geral, as reuniões individuais indiretas representam uma oportunidade para coletar e compartilhar informação, estabelecer conexões significativas e aprofundar a investigação do que se passa com sua equipe e seus subordinados. O agendamento de reuniões individuais indiretas também comunica às pessoas — em todos os níveis da organização — que elas são valiosas e dignas do seu tempo. Além disso, se combinarmos toda a informação reunida entre esses funcionários, identificaremos padrões que podem ser muito úteis para a execução do nosso papel.

IMPLEMENTANDO REUNIÕES INDIRETAS

A implementação de reuniões individuais indiretas consiste em oito etapas (na seção de ferramentas há um checklist das boas práticas para isso). Elas decerto guardam paralelos com as reuniões individuais entre um gestor e seus subordinados diretos, mas existem algumas diferenças.

Passo 1: Informe os subordinados

Se o seu gestor começasse a agendar reuniões indiretas com seus subordinados sem informá-lo, você provavelmente ficaria bastante preocupado e surpreso. Assim como você não gostaria que ele fizesse isso, *não vá logo marcando reuniões individuais com os subordinados de seus subordinados*. Primeiro, explique a seus subordinados imediatos a finalidade das reuniões indiretas e esclareça suas eventuais preocupações iniciais. O modo como isso deve ser feito é importante. Eis aqui uma sugestão de comunicação a ser considerada em um e-mail ou reunião mais ampla.

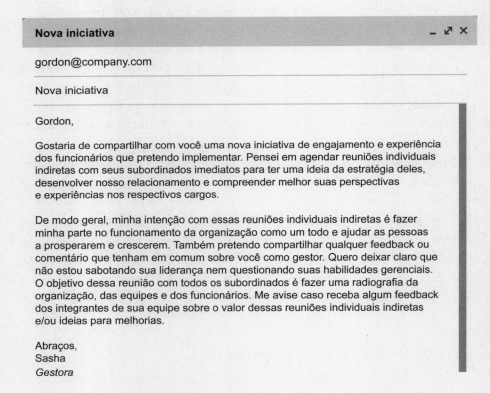

Quando criamos expectativas claras e estabelecemos uma relação de confiança com os subordinados, eles se mostram mais dispostos a adotar a prática da reunião individual indireta sem se sentirem ameaçados. Após algumas reuniões, volte a sondá-los para saber como elas estão funcionando do ponto de vista deles, para que se sintam valorizados, incluídos e ativos no processo.

Passo 2: Informe a equipe de seu subordinado

Se você não possui uma relação previamente estabelecida nem contato regular com os subordinados indiretos, eles podem ficar confusos sobre seu pedido de reunião individual e concluir que há alguma coisa errada. Para evitar isso, comunique suas intenções e expectativas com antecedência. Avise-os de que não estão em apuros e que a reunião não se destina a monitorar o que eles ou seu gestor imediato estão fazendo. Eis aqui um exemplo de abordagem, via e-mail ou como parte de uma conversa ou reunião:

> *Vou começar uma nova prática com você e os integrantes de sua equipe: as chamadas reuniões individuais indiretas. Será uma ocasião para nos conhecermos, conversarmos sobre o que está ou não funcionando e compartilharmos feedbacks e informações. Vou preparar algumas perguntas, mas, se houver algo que queira discutir, podemos começar por aí. Ideias para aprimorar a equipe, algum assunto que ache que eu deva saber e coisas do tipo serão muito bem-vindos. Terei o maior prazer também de conversar mais amplamente sobre questões de carreira. Nossa primeira reunião indireta será em [data e horário]. Avise-me se está bom para você. Não vejo a hora!*

Quando deixamos claras nossas intenções e expectativas para essas reuniões desde o início, isso diminui o risco de as pessoas terem uma ideia errada ou tirarem conclusões precipitadas delas.

Passo 3: Crie um cronograma para reuniões individuais indiretas

Escolha uma frequência para essas reuniões que lhe permita se conectar com todos seus subordinados indiretos, mas que não o deixe sobrecarregado. A estratégia mais comum é fazer um rodízio. As reuniões podem ser trimestrais ou até mensais, dependendo do tamanho das equipes, e normalmente duram de vinte a trinta minutos. O segredo é realizar uma pequena quantidade toda semana, porém não a ponto de cansar todo mundo.

Se há muitas pessoas sob sua supervisão (por exemplo, mais de cinquenta), para não perder a eficiência, você pode realizar as reuniões indiretas em grupo. Embora essa estratégia certamente economize tempo, é bem mais difícil promover conexões e relações pessoais em um contexto desses. E isso também pode afetar todo o processo de coleta de informações, dadas as dinâmicas de grupo, pressões sociais e assim por diante.

Quero frisar que, se você não supervisiona muitos funcionários, isso não significa que deva realizar reuniões indiretas semanais ou quinzenais. Uma frequência de reuniões indiretas muito alta às vezes é problemática, pois pode sabotar o gestor. Evite isso. Embora as reuniões individuais indiretas sejam uma ótima prática, o principal canal de comunicação e ponto de contato devem ser os próprios subordinados.

Passo 4: Prepare a pauta

A pauta para reuniões indiretas é um pouco diferente da típica reunião individual discutida até aqui. Muitas vezes acontece de o subordinado indireto não ter nenhuma dúvida ou solicitação premente em que você possa ajudá-lo como gestor do gestor dele. Assim, comece por autorizar o integrante da equipe a fazer qualquer pergunta que quiser, mas depois passe às questões gerais. Exemplos de perguntas a serem feitas:

- Como andam as coisas com você?
- Consegue pensar em algo em que eu poderia te ajudar ou sobre o qual queira conversar?
- O que estou deixando de notar mas que seria útil eu saber?
- Da sua perspectiva, como a equipe está se saindo e como anda o moral do grupo?
- Que obstáculos você tem enfrentado na sua função?
- Você compreende como seu trabalho se encaixa nos objetivos da organização?
- O que tornaria o trabalho melhor para você?

- Você se sente apoiado em seu progresso e em suas metas na carreira?
- Se você supervisionasse a equipe, o que faria diferente?
- Há algo que não foi abordado, mas que gostaria de discutir?

Escolha as perguntas que parecem apropriadas e corretas para seu relacionamento com o subordinado indireto. Se ele quiser falar sobre o gestor imediato dele, eis algumas perguntas:

- Qual é o melhor aspecto de trabalhar com seu gestor?
- Qual a parte mais desafiadora de trabalhar com ele?
- O que você gostaria que seu gestor fizesse com maior ou menor frequência?
- Existe alguma situação recente com que seu gestor deveria ter lidado de outra forma, no seu entender?
- A seu ver, há alguma situação recente com que seu gestor lidou bem?
- Com que frequência você conversa com seu gestor sobre sua carreira e como costumam ser essas conversas?

O objetivo dessas perguntas não é relatar tudo para o gestor da pessoa. O foco geral é descobrir temas que pareçam importantes para seus subordinados indiretos. Mesmo se descobrir temas que precisam ser mais bem trabalhados, não significa que você os compartilhará com o gestor da pessoa. Tudo depende do conteúdo das informações. Posto isso, pode haver problemas com alguns talentos importantes ou de alto potencial que justificariam uma conversa com o gestor para evitar a rotatividade. Independentemente do que você escolher fazer com base no que aprendeu, tome muito cuidado para não criar um cenário em que seu subordinado indireto sofra uma retaliação do gestor dele por falar com você.

Passo 5: Estabeleça uma relação de confiança

A construção de uma relação de confiança é crucial para a reunião individual indireta, especialmente considerando que a reunião com o gestor do gestor pode gerar ansiedade devido à diferença de status. Encontrar pontos em comum com seus subordinados indiretos facilita as conversas e a ligação entre vocês. Veja o que consegue descobrir de antemão sobre os integrantes da equipe com seu subordinado (o gestor deles) para ajudar a preparar o terreno. Por exemplo, vocês têm interesses em comum? Onde cada um nasceu? Possuem algum hobby? Têm filhos da mesma idade? É importante demonstrar que quer conhecê-los individualmente. Estabelecer essa conexão é fundamental, sobretudo nas primeiras reuniões. Consulte o capítulo 6 para ver potenciais perguntas concebidas com essa finalidade.

Passo 6: Promova uma interação eficaz

Os capítulos 8 a 10 discutem o processo de facilitação das reuniões individuais, incluindo habilidades críticas como saber ouvir com empatia. Todo esse conteúdo é muito importante para as reuniões individuais indiretas, mas quero voltar meu foco aqui à questão de saber se o subordinado conversou sobre isso com o gestor dele. Pode haver situações trazidas à sua atenção com as quais o gestor direto está mais bem equipado para lidar. Por isso é fundamental perguntar ao integrante da equipe se já informou o superior imediato sobre o assunto. A resposta renderá insights valiosos. Talvez nem tenha lhe ocorrido comunicar ao gestor, ou ou talvez tenha ficado receoso. Ou pode ser que o gestor tenha tomado uma medida surpreendente e apresentado uma solução para o problema sem pedir a colaboração do integrante da equipe. Um chefe certamente espera que os subordinados indiretos saibam que podem procurá-lo para lidar com tais desafios, mas é bom frisar também que o gestor deles deve ser seu primeiro ponto de contato. Se isso não ocorrer, é importante descobrir o motivo e então lidar com a questão. Em seguida, você pode instruir o gestor sobre como construir uma relação de confiança com seus subordinados a fim de abrir esses canais de comunicação.

Passo 7: Elogie os subordinados indiretos

Elogiar não custa nada, mas pode exercer um impacto muito positivo em quem recebe os elogios. Se sabe de alguém se destacando no trabalho, fale com a pessoa! Um elogio genuíno e direto partindo de um escalão mais elevado da organização certamente será muito bem recebido. Pergunte aos integrantes da equipe de seu subordinado quais deles mais se destacam, quem está num patamar superior, quem mostra alto potencial. Faça dos elogios uma parte integrante de suas reuniões individuais indiretas para demonstrar que a organização valoriza e aprecia o trabalho de seus funcionários.

Passo 8: Follow-up e aplicação

Se relevante, explique o que será feito após a reunião: tratar dos problemas, compartilhar informação ou implementar o feedback e as sugestões. Isso ajudará a construir confiança e dará segurança ao subordinado indireto para voltar a procurá-lo. Certifique-se de que o integrante da equipe também seja claro em suas ações — quer isso envolva transmissão de informações, cumprimento de sua parte em lidar com um assunto ou agir conforme sua orientação. É importante que ambos contribuam para extrair uma conclusão dessas conversas.

EVITE UM GRANDE PROBLEMA

Quero voltar a um tema central que tentei enfatizar neste capítulo: *cuidado para não sabotar seu subordinado imediato (o gestor de seus subordinados indiretos)*. Dado o status que você ocupa como líder, um simples "parece bom" pode ser recebido pelo subordinado indireto como "que ótima ideia, vamos executar!". Ou seja, sugestões vindas de cima muitas vezes são interpretadas como ordens. Assim, precisamos ser muito cautelosos com as palavras que usamos. O objetivo do líder é aprender, não comunicar sua concordância ou discordância. Não se trata de agir como substituto de seu subordinado imediato, o gestor deles. Nunca deixe de consultá-lo e de lhe comunicar conforme necessário, principalmente em relação a questões recorrentes que você tenha observado entre seus subordinados indiretos.

Talvez pareça um grande investimento de tempo seguir todas essas etapas de implementação, mas eu diria que os benefícios das reuniões individuais indiretas justificam o esforço de realizá-las, sobretudo considerando o potencial impacto positivo que podem exercer em sua efetividade enquanto líder, no engajamento e conexão dos funcionários e na cultura da equipe como um todo. Permita-me concluir com as palavras de um executivo da Teachers Insurance and Annuity Association of America (TIAA) que entrevistei:

As reuniões individuais indiretas oferecem uma incrível riqueza de informações. Representam uma oportunidade para você realmente se aprofundar e ver o que está acontecendo, validar o que está ouvindo, fazer conexões e entender o que é o quê. Além disso, as reuniões individuais indiretas passam a mensagem de que todos são valiosos e de que você é acessível.

PONTOS PRINCIPAIS

- **As reuniões com subordinados indiretos ajudam muito.** As reuniões individuais indiretas ocorrem entre você e os subordinados de seu(s) subordinado(s). Embora a finalidade dessas reuniões não seja fazê-lo assumir o papel de gestor deles, são uma ótima maneira de proporcionar uma visão do que está ocorrendo no "campo de batalha" e oferecer um apoio vindo de cima à equipe toda. Essas reuniões assemelham-se às reuniões individuais realizadas com seus subordinados imediatos, mas se prestam a um diferente propósito: servem para você compreender o que se passa entre seus subordinados indiretos e os chefes deles, estabelecer confiança nos diferentes níveis da equipe e compartilhar informações e orientações. Elas não são realizadas com tanta frequência, mas podem fornecer insights que suas reuniões individuais regulares deixaram de revelar.
- **A reunião individual indireta exige preparo.** Repito: *não realize reuniões individuais indiretas sem preparação.* O primeiro passo para garantir o sucesso delas é informar seus subordinados imediatos sobre o que você planeja fazer e o motivo. Responda a eventuais perguntas ou preocupações que possam ter, reiterando o verdadeiro propósito das reuniões. Em seguida, faça o mesmo com seus subordinados indiretos. Isso é imprescindível para que as reuniões individuais indiretas não sejam vistas como uma forma de microgerenciamento nem passem a impressão de haver algum problema com o gestor ou a equipe dele.
- **Garanta o sucesso das reuniões indiretas.** Após explicar sua razão de ser, crie um cronograma para realizá-las. Além disso, elabore pautas e procure focar no desenvolvimento de uma relação de confiança, especialmente no início. Escute o que o subordinado indireto tem a dizer e parta daí, mas mantenha suas questões padronizadas à mão. Encerre a reunião

elogiando os subordinados indiretos sempre que possível e proceda às eventuais tarefas que tenha se comprometido a realizar.

- **Não sabote seus subordinados imediatos.** As reuniões individuais indiretas são uma forma excelente de discernir a quantas anda o trabalho de seus gestores, mas cuidado para não sabotá-los. Evite, por exemplo, dar seu aval às ideias dos subordinados indiretos, pois o gestor deles (seu subordinado imediato) pode ter seu próprio parecer sobre elas. Em vez disso, escute com a mente aberta e pergunte ao subordinado indireto se já conversou com seu superior. Além disso, aproveite as preocupações e questionamentos apresentados para oferecer suporte e desenvolver as habilidades de liderança entre seus próprios subordinados imediatos.

15. O que fazer quando ficamos atolados em reuniões?

Em muitas profissões há uma quantidade incrivelmente alta de reuniões, e a ideia de acrescentar ainda mais compromissos à sua agenda pode parecer absurda. A fim de ajudá-lo a encontrar alguma brecha, compartilhamos estratégias para diminuir o tempo perdido e improdutivo em reuniões, sobretudo as conduzidas diretamente por você ou ocorridas entre cargos e equipes que você chefia. Assim, este capítulo não trata só de reuniões individuais, mas de *todas as suas demais reuniões*. Ele é voltado a proporcionar dinamismo e qualidade ao tempo passado em reuniões de forma geral, de modo que o acúmulo de reuniões individuais com os integrantes de sua equipe pareça mais leve e menos exigente.

ESTRATÉGIAS PARA DIMINUIR O TEMPO DESPERDIÇADO EM REUNIÕES

Como líder, seu papel em mudar a cultura e a prática das reuniões é fundamental. Entretanto, trata-se de uma experiência inerentemente compartilhada — uma reunião é um fenômeno social. Dessa forma, todos devem estar ativamente envolvidos no processo de mudança. É necessário realizar novas conversas com sua equipe para criar e pensar em novos caminhos, rompendo com velhos hábitos e implementando rotinas diferentes e mais saudáveis.

A seguir, duas sugestões de conversas que você pode ter com os funcionários para administrar melhor sua carga de reuniões.

Conversa 1: Quando realizar ou não uma reunião

O objetivo dessa conversa é fazer com que todos estejam alinhados para decidir se a reunião é realmente necessária. Ou seja, antes de enviar o e-mail marcando a reunião, pergunte-se três coisas: (1) há um motivo convincente para ela?; (2) esse motivo requer que as pessoas interajam ou se envolvam para garantir sucesso e adesão?; (3) outras ferramentas de comunicação poderiam ser mais eficientes para esse propósito (uma reunião assíncrona, um e-mail etc.)? Se as respostas forem afirmativas para as duas primeiras e negativa na última, a reunião se justifica. Para ajudar a equipe a entender melhor essas diretrizes, repasse diferentes cenários comuns de reunião. Em cada caso, decida coletivamente se a reunião é mesmo necessária ou se um canal de comunicação diferente — e qual — seria mais indicado. Cheguem a um acordo sobre isso para detalhar as novas normas e expectativas.

Em seguida, faça uma auditoria de reuniões com a equipe. Recapitule suas reuniões recorrentes. Analise uma a uma e veja as que podem ser eliminadas ou ter o tempo e a frequência reduzidos. Para cada reunião recorrente, decida sobre quem deve participar regularmente, quem deve participar periodicamente, quem deve comparecer a apenas parte da reunião (por exemplo, quando a presença da pessoa é relevante apenas para determinados tópicos da pauta) e quem precisa apenas ser mantido informado, recebendo a ata posteriormente, por exemplo. Os exercícios podem até ser feitos de forma anônima, mediante uma pesquisa rápida, caso você desconfie de que os integrantes de sua equipe não estão sendo sinceros.

O uso do feedback obtido com a auditoria deve lhe permitir reduzir significativamente sua carga geral de reuniões, bem como de sua equipe. Mas quero acrescentar que muitas vezes ocorre um problema muito maior em relação à quantidade de encontros. Segundo minha pesquisa, líderes e organizações habituados a determinar tudo como sendo de alta prioridade realizam muito mais reuniões. Porém, mesmo que sejamos mais cuidadosos e estratégicos com nossas principais prioridades, ainda assim temos de decidir sobre a eventual necessidade de cada reunião — só que nesse caso controlamos mais amplamente o problema da carga de reuniões. Lembre-se: diminuir a frequência delas sem reduzir as prioridades pode ter consequências imprevisíveis, uma vez que elas continuam sendo essenciais para o envolvimento dos funcionários, a construção de relacionamentos e a inclusão. Posto isso, embora eu defenda uma dieta de redução de reuniões baseada em princípios, prefiro torná-las mais eficazes, curtas e enxutas como mecanismo para não desperdiçar tempo — o que nos leva à próxima conversa.

Conversa 2: Reduzindo o tempo das reuniões

Fale com a equipe sobre a importância de ser deliberado e ponderado ao decidir sobre a duração da reunião, e não simplesmente usar a indicação padrão (por exemplo, um bloco de sessenta minutos) de seu aplicativo de agenda. Como nos casos anteriores, diferentes tipos de reuniões reais e hipotéticas podem ser discutidos para calibrar as expectativas coletivas. Esperamos que um punhado de reuniões possa ser abreviado por meio desse processo. Isso é importante quando levamos em consideração uma coisa chamada Lei de Parkinson — a ideia de que o trabalho se expande para preencher seja qual for o tempo alocado a ele.[1] Assim, se uma reunião estiver programada para durar uma hora, vai durar, magicamente... uma hora. Isso também vale para uma reunião programada para durar trinta minutos. Mas podemos usar isso em nosso proveito. Não hesite em combinar durações de reunião não tradicionais, como vinte ou 25 minutos em vez de trinta minutos, ou 45 ou cinquenta minutos em vez de sessenta minutos. A reunião muito provavelmente ainda assim dará conta do que foi planejado, pois reduzir seu tempo também gera pressão positiva. A pesquisa revela que grupos operando sob algum nível de pressão apresentam melhor desempenho devido ao aumento do foco e da urgência.[2] Portanto, reduzir as reuniões não só economiza o tempo de todos, como também rende resultados melhores e mais eficazes. Como líder, faça experiências nesse quesito. Procure oportunidades para restituir o tempo das pessoas — esse é um presente pelo qual todos ansiamos. Aceite o desafio. Diminua o tempo das reuniões e depois reflita junto com a equipe sobre como isso tem funcionado.

Ambas as conversas ajudam a preparar o terreno para um novo futuro do trabalho colaborativo. Elas devem restituir o tempo de todos. Mas há mais uma peça nesse quebra-cabeça. Fazer o tempo de reunião ser mais efetivo. Se suas reuniões forem mais eficazes, você provavelmente não precisará realizar tantas delas, porque as realizadas trarão resultados mais claros e convincentes.

REUNIÕES MELHORES

Entrevistei milhares de pessoas no mundo todo sobre a questão da liderança em reuniões. Os melhores líderes nessa área parecem ter algo em comum — partilham de uma mentalidade similar em que reconhecem seu papel como administradores do tempo alheio. Curiosamente, os líderes muitas vezes adotam uma mentalidade administradora quando a reunião é com os clientes ou os chefes mais importantes, porque nunca gostariam que essas pessoas deixassem a reunião dizendo "que perda de tempo!". Entretanto, a administração do tempo nas reuniões é muitas vezes negligenciada — tendemos a ser um pouco preguiçosos com nossas escolhas e nosso processo de facilitação quando damos menor importância a esse assunto. É uma atitude muito problemática, pois o tempo é valioso para todos, não apenas para os que ocupam um posto mais alto na organização ou aqueles de quem esperamos algo. Quando adotamos uma mentalidade administradora, ficamos mais deliberados do começo ao fim em nossas decisões e abordagens das reuniões. A preparação para a eficácia não pode ficar para depois — e ser deliberado e fazer escolhas inteligentes em reuniões não demanda quase tempo nenhum (com prática, pode levar um mero minuto). Mas requer que algo seja feito antes. Para ajudar nessa questão, deixe-me delinear algumas escolhas a serem feitas, divididas em práticas pré-reunião, para o decorrer da reunião e para encerrar a reunião.

Práticas pré-reunião

Pautas convincentes. A elaboração da pauta deve preparar o terreno para a efetividade da reunião. Já sabemos o bê-a-bá das reuniões (por exemplo, reunir as sugestões dos participantes, distribuir a pauta com antecedência etc.), então passarei diretamente a uma inovação capaz de promover a inclusão e a eficácia nessa área. Em vez de uma série de tópicos a serem discutidos, tente organizar a pauta como um conjunto de perguntas a serem respondidas. Essa mudança leva o líder da reunião a pensar realmente nela e no que todos estão esperando conseguir. Ao formular os itens da pauta como perguntas, temos uma percepção melhor sobre quem de fato deve ser convidado para a reunião, uma vez que são relevantes para as perguntas; sabemos quando encerrar a reunião e se ela foi um sucesso — quando e se as perguntas tiverem sido respondidas; além de criarmos um desafio envolvente para os participantes. E se não conseguimos pensar em nenhuma pergunta, provavelmente significa que não precisamos de reunião.

Administre ativamente o tamanho da reunião. Reuniões maiores, mesmo com a melhor das intenções, prejudicam a inclusão, uma vez que há menos tempo para os participantes falarem, maior dificuldade de coordenação, e até o chamado *social loafing* — um comportamento em que deixamos de nos envolver profundamente nas interações em grupo porque temos maior sensação de anonimato, algo como se esconder na multidão.[3] Portanto, quanto maior a reunião, menor a chance de engajamento dos participantes. Além disso, reuniões maiores estão associadas a avaliações mais baixas sobre sua qualidade.[4] Por isso, seja seletivo. Talvez você queira convidar todo mundo em nome da inclusão, mas essa solução não funciona. Porém — e este é um grande porém —, nossa pesquisa mostra que, embora os funcionários muitas vezes reclamem das reuniões, ao mesmo tempo ficam preocupados se não forem convidados. Assim, para evitar que os integrantes da equipe se sintam excluídos se não forem chamados, é necessário uma conversa ou um e-mail com antecedência. Isso está ligado ao *fear of missing out* [medo de ficar de fora] (FOMO). As medidas que ajudam a atenuar o FOMO dividem-se em três partes:

1. Ofereça uma boa explicação sobre o motivo de não ter sido necessário chamar o integrante da equipe, pois isso impedirá que a falta de um convite pareça algo pessoal.

2. Proporcione aos subordinados uma oportunidade de fornecer sugestões de antemão sobre qualquer tópico de pauta a ser discutido, ajudando-os a sentir que continuam sendo valorizados.

3. Registre cuidadosamente os pontos principais e o plano de ação, depois envie suas anotações aos demais integrantes da equipe, a fim de ajudá-los a lidar com a potencial ansiedade por não terem participado.

Por fim, uma prática pré-reunião que pode ajudar a reduzir seu tamanho é considerar chamar os subordinados para parte da reunião, mas não ela toda. Assinale na pauta o horário de entrada e saída desses participantes. Isso fará de você um gestor mais inclusivo e efetivo sem ter de incorrer em um excesso de pessoas — e também economizará o tempo delas, algo que vão apreciar.

Realize reuniões por vídeo (se possível). Precisamos da participação de todos, pois isso promove o engajamento e a inclusão. A videoconferência aumenta as chances de que isso aconteça e evita que as pessoas façam várias atividades ao mesmo tempo. Em contrapartida, pode aumentar a fadiga de reuniões, mas prefiro lidar com esse problema de outra forma — reduzindo o tamanho e a duração delas e tornando-as mais efetivas (segundo minha pesquisa, os principais determinantes da fadiga de reuniões). Em paralelo, outra maneira eficaz de lidar com a fadiga é instituir intervalos sem compromissos em sua agenda e sempre se alongar e se movimentar entre uma reunião e outra. Por último, desative a autovisualização durante a videoconferência. Nessa opção, sua câmera continua ligada e os outros podem vê-lo, mas você, não. Ocultar a autovisualização é muito simples e muito útil, pois observar nossa própria imagem — coisa que tendemos a fazer durante videoconferências — é um dos principais motivos para sentirmos esgotamento mental e a chamada "fadiga do zoom", por ser algo não natural e que desencadeia uma autoavaliação excessiva.[5]

Práticas para o decorrer da reunião

Comece bem a reunião, pois isso prepara o terreno para a eficácia, o engajamento e a inclusão. Como líder, seu humor é importante. A pesquisa sugere que seu estado de espírito pode contagiar os demais e ter um reflexo neles.[6] No início da reunião, mostre energia, apreço e reconhecimento, em especial nos momentos mais desafiadores. Isso aumenta as chances de um ânimo mais positivo durante a reunião, o que é importante porque promove mais participação, criatividade, atenção e uma postura construtiva — fatores essenciais para a inclusão e a efetividade das reuniões.[7] Não quero com isso sugerir que os líderes devam ser artificialmente positivos, mas, mesmo em circunstâncias difíceis, podemos manifestar energia, apreciação e, certamente, gratidão.

Facilitação ativa. O líder da reunião deve abraçar o papel de facilitador. Envolver os participantes (por exemplo, "Sandy, por favor, diga-nos sua opinião") para mantê-los engajados e incluídos. Evite perguntas genéricas como "algum comentário?". Além disso, não deixe os participantes divagarem e saírem do assunto; interrompa educadamente, se necessário, para que os outros possam se envolver. Esse é seu papel como líder da reunião e todos os participantes esperam que faça isso. Além do mais, em reuniões virtuais maiores, encoraje os participantes a usar o chat. Minha pesquisa inicial sugere que esse é um mecanismo fundamental para trazer mais vozes à conversa. Designe alguém para monitorar o chat, se estiver muito ocupado conduzindo a reunião.

Diversifique sua condução das reuniões. Agite as coisas. A diversificação de abordagens em reuniões serve para energizar e engajar os participantes. Por exemplo, durante a reunião, experimente às vezes recorrer ao silêncio. Essa pode ser uma das melhores ferramentas para promover a eficácia e a inclusão. A pesquisa apoia os benefícios do silêncio nas reuniões como uma maneira de extrair mais ideias, pontos de vista e opiniões dos participantes. Quando comparamos grupos realizando brainstorming em silêncio (por exemplo, anotando seus pensamentos em um notebook) a um brainstorming convencional, os participantes produziram quase o dobro de ideias, que tenderam a ser ainda mais criativas.[8] Por que o brainstorming silencioso resulta em maior quantidade e qualidade de ideias? Ao se comunicar por escrito, todos podem se expressar ao mesmo tempo. Ninguém precisa esperar a vez. Além do mais, há menos filtragem do que pensamos, devido à geração de ideias simultânea. Outra boa notícia: o silêncio pode ser obtido muito facilmente em uma reunião simplesmente usando um arquivo de texto compartilhado com os subordinados conforme ela ocorre (há muitos aplicativos on-line que também podem ser usados). Esse documento deve conter perguntas-chave para serem respondidas ou dicas para estimular o brainstorming. Todos os participantes são encorajados a contribuir para a composição do documento por, digamos, quinze minutos, ou o que for mais pertinente para a tarefa em questão. Durante esse período, devem se prontificar a produzir ideias, comentando sobre as sugestões dos outros e colaborando por escrito. Quando o tempo se encerrar, o líder pode fazer uma revisão e identificar os temas, conclusões e próximos passos. Se os resultados não ficarem evidentes, a reunião pode ser interrompida, e você pode voltar a se reunir com os participantes após refletirem sobre o documento. A propósito, mesmo reuniões de atualização se prestam a essa técnica. Cada um pode simplesmente digitar suas informações em um documento compartilhado a ser revisado e comentado pelos participantes. É algo extremamente eficaz e que pode ser feito até de forma assíncrona, o que é uma vantagem. Experimente.

Práticas para encerrar reuniões

Não passe do horário. Enquanto começar as reuniões atrasado parece causar estresse, nossa pesquisa mostra que terminá-las tarde é uma fonte ainda maior de estresse para muitos — assim, encerre a reunião na hora certa. *As reuniões devem ter um horário de encerramento definido.* Quando faltarem alguns minutos para acabar, lembre-se de resumir os pontos principais. Em cada um deles, identifique os responsáveis diretos por sua execução. Durante o encerramento podem ser feitas as principais anotações. A ideia não é registrar um passo a passo da reunião, mas fornecer uma sinopse concisa dos pontos principais e dos itens de ação em um formato que torne a informação igualmente acessível tanto para os que participaram da conversa como, talvez ainda mais importante, para os que não participaram. Aliás, se você utiliza a abordagem de pauta constituída de perguntas, pode anotar as respostas e compartilhá-las tanto com os participantes como com os que não participaram.

> Quando a liderança da reunião não depende de nós (*outra pessoa ficou encarregada de convocá-la e conduzi-la*), nossas opções para reduzir seu tempo são limitadas. Uma estratégia capaz de ajudar é agendar reuniões de forma diferente, se possível. Ou seja, reserve um tempo em sua agenda para um trabalho aprofundado e contínuo. Empenhe-se ao máximo para manter esse horário como sagrado. Depois, faça com que suas reuniões sejam programadas para fora desse intervalo reservado. Em seguida, analise suas reuniões recorrentes: há alguma delas à qual você não precisa de fato comparecer ou que simplesmente não constitui um bom uso do seu tempo? No caso dessas reuniões não essenciais, considere falar com seu líder sobre participar de apenas parte delas (que tenha relevância para seu trabalho), mas não do começo ao fim. Além disso, você pode ter uma conversa com ele sobre não ter de comparecer a todas as reuniões e participar de, digamos, uma a cada três ou quatro. Quanto às demais, é possível permanecer inteirado apenas lendo as atas. Claro, outra opção é o líder indicar a quais dessas reuniões

ele acha que você precisa ir. Por fim, para qualquer nova reunião marcada, se você achar que sua participação não é necessária, procure seu líder para ter uma conversa e ver o que pode ser feito. Em geral, líderes de reunião percebem que estão convidando gente demais em nome da inclusão. Quando alertados, eles costumam ficar satisfeitos em reduzir a lista de participantes.

ESTRATÉGIAS ORGANIZACIONAIS MAIS AMPLAS PARA REDUZIR A QUANTIDADE DE REUNIÕES

As empresas tentam muitas abordagens diferentes para diminuir o tempo das reuniões e melhorá-las. Vou delinear um pequeno conjunto de estratégias que funcionaram bem em algumas organizações com as quais trabalhei. Nem todas essas práticas farão sentido no seu caso. Mas, algumas, talvez sim. Reconheço que você pessoalmente talvez não esteja em posição de implementá-las. Ainda assim, quis incluí-las para oferecer um panorama completo das opções de aprimoramento de reuniões.

1. Algumas organizações exigem a aprovação de um líder sênior para reuniões grandes (por exemplo, com mais de dez pessoas). Isso pode soar um pouco drástico, mas resulta em uma reflexão mais cuidadosa na hora de preparar a lista de participantes, o que é fundamental.
2. Designe a um integrante da equipe de liderança sênior a responsabilidade pelas reuniões como um processo central para o trabalho. Com isso, o monitoramento, a atenção e o aperfeiçoamento das reuniões se tornam parte do tecido organizacional. Fazemos isso para outros processos de trabalho e atividades extremamente dispendiosos. Por exemplo, é de esperar que o investimento em tecnologia seja supervisionado pelo CTO ou pelo diretor de TI.
3. Mude os sistemas de agendamento padrão a fim de reduzir o tempo de reuniões (por exemplo, 25 minutos e cinquenta minutos).
4. Avalie a eficácia das reuniões com um levantamento do engajamento e da disposição dos participantes. Crie um painel de métricas e vincule-as

a indicadores financeiros para que o custo das reuniões possa ser prontamente calculado. Tudo isso contribui para gerar responsabilização e melhorar as reuniões.

5. Incorpore o desenvolvimento de habilidades de liderança a sistemas de administração de talentos como integração, iniciativas de alto potencial, coaching e treinamento.

6. Considere adotar o uso de intervalos sem reuniões. Os dados quanto ao funcionamento dessa abordagem estão longe de ser conclusivos, mas mesmo assim ela mostra potencial, se implementada efetivamente.

CONCLUSÃO

Todas as sugestões indicadas contribuem para sua equipe voltar a dispor de tempo, mas o mais importante é que devem servir para tornar o período da reunião mais efetivo. Embora não controlemos as reuniões alheias, podemos controlar as nossas. Há excelentes opções à disposição. Você pode demonstrar que sabe administrar reuniões, dando um exemplo a ser seguido pelos outros em promover a eficácia delas. Cada reunião é uma oportunidade de fazer seu papel em propiciar efetividade e solucionar a questão da sobrecarga. Assuma esse desafio e você encontrará tempo mais facilmente para implementar e realizar suas reuniões individuais com excelência a fim de maximizar os ganhos.

PONTOS PRINCIPAIS

- **Eliminar reuniões não é solução.** Embora os funcionários muitas vezes se queixem da quantidade de reuniões, elas ainda assim são um elemento essencial da democracia organizacional. Entretanto, há estratégias para reduzir seu número e aumentar a eficácia para combater os efeitos negativos do excesso delas.

- **Tenha uma conversa com a equipe.** Como líder, você controla suas reuniões. Comece tendo duas conversas sobre elas. Primeiro, defina as expectativas de quando as reuniões são ou não são justificadas. Use essas novas normas para fazer uma auditoria das atuais reuniões recorrentes e faça ajustes conforme necessário. Segundo, converse sobre reduzir sua duração, como, digamos, fazer uma reunião que antes costumava durar sessenta minutos ter apenas cinquenta minutos. Tais conversas reduzirão a quantidade de reuniões e o tempo passado nelas, e sua equipe agradecerá.

- **Aumente a efetividade das reuniões.** Em vez de eliminar reuniões, o objetivo é torná-las mais eficazes, poupando reelaborações do processo de trabalho e evitando a fadiga e a frustração. Há várias táticas a serem usadas por você como líder para contribuir nesse quesito, podendo ser divididas em práticas pré-reunião, para o decorrer e para encerrar a reunião. Exemplos de tais práticas incluem elaborar pautas convincentes, facilitar ativamente as reuniões para promover energia entre os subordinados, experimentar estratégias como o brainstorming silencioso e encerrar a reunião adequadamente para garantir que ações sejam postas em prática.
- **Estratégias organizacionais.** Ao longo de minha carreira, deparei com uma variedade de táticas utilizadas pelas organizações para reduzir a quantidade de reuniões realizadas — vão desde solicitar aprovação para reuniões maiores a incluir métricas de reunião em levantamentos sobre engajamento. Embora elas variem de organização para organização e possa ser mais difícil para você influenciá-las, tais táticas auxiliam na busca por diminuir o número total de reuniões.

16. Considerações finais: Tudo tem a ver com valores

Não somos definidos pelo que dizemos ou pensamos, mas pelo que fazemos.
Jane Austen

Eu me identifico com essas palavras. Nosso comportamento nos define. O modo como agimos sinaliza o que é importante para nós e quais são nossos verdadeiros valores. Costumo perguntar aos líderes sobre os valores a que aspiram — o que eles esperam conseguir e pelo que querem ser conhecidos. As respostas variam muito, mas algumas se repetem bastante, como:

Cada um desses valores possui uma ligação significativa com as reuniões individuais. Ou seja, elas servem como um mecanismo fundamental para incorporar esses valores e, mais importante, vivenciá-los. E são fundamentais também para os valores organizacionais. Deixe-me ilustrar isso compartilhando algumas afirmações colhidas em organizações conhecidas. Para cada uma, destaquei os valores alinhados com reuniões individuais efetivas.

INTEL	O cliente em primeiro lugar; ousar inovar; orientados por resultados; **Uma só Intel: inclusão, qualidade e integridade orientam como tomamos decisões e tratamos uns aos outros,** servimos nossos clientes para que atinjam seus objetivos e moldamos a tecnologia para ser uma força do bem. Somos **unidos por nosso propósito e motivados por nossos valores** a alcançar nossas ambições e ajudar os clientes a ter sucesso.
IBM	Dedicação ao sucesso de todos os clientes; inovação que faça diferença, para nossa empresa e para o mundo; **confiança e responsabilidade pessoal em todos os relacionamentos.**
TIAA	O cliente em primeiro lugar; inspiramos confiança; **valorizar nosso pessoal; cuidamos uns dos outros;** agimos com integridade; **fazemos a coisa certa.**
ADOBE	Genuína; excepcional (**comprometida em criar experiências excepcionais que agradem nossos funcionários e clientes**); inovadora; **envolvida (somos inclusivos, abertos e ativamente engajados com nossos** clientes, parceiros, **funcionários** e as comunidades que servimos).

Eu poderia continuar indefinidamente apresentando declarações de valor das organizações. Na maioria delas, vemos claras conexões com as reuniões individuais como um veículo para expressar esses valores. O ideal é que uma atividade significativa e positivamente impactante como as reuniões individuais possa atentar para cada um destes aspectos: valores pessoais, valores organizacionais e os principais resultados de sucesso individual e da equipe. Sim, as reuniões individuais são uma escolha. Mas em muitos sentidos eu argumentaria que elas são uma obrigação — a personificação da liderança e uma maneira fundamental de expressar valores em todos os níveis.

Existem políticas relativas a reuniões individuais nas empresas, especificando como deveriam ser conduzidas e com que frequência? Em minhas entrevistas com os principais líderes de uma ampla variedade de setores, com exceção da Cisco, não encontrei organizações com políticas formais sobre como conduzir reuniões individuais, além daquelas relacionadas à gestão de desempenho. Assim, cabe a cada gestor se orientar por conta própria nesse processo. As reuniões individuais podem ser bastante normativas em algumas organizações ou para alguns líderes. Mas raramente as empresas contam com diretrizes, sistemas formais universais ou um requisito explícito para realizá-las. Para ajudar a promover isso, no fim desta seção do livro apresento ferramentas para criar um sistema organizacional de reuniões individuais.

CONCLUSÃO

As reuniões individuais constituem um investimento crítico em seu pessoal. Elas tomam muito tempo, claro. Mas, em alguns aspectos, não de verdade. Por exemplo, reunir-se com um dos integrantes de sua equipe por trinta minutos toda semana ou sessenta minutos a cada quinze dias totaliza cerca de 25 horas no decorrer de um ano. Seria tempo demais para se reunir com os subordinados, considerando os incríveis resultados associados a reuniões individuais bem executadas? A resposta é "não", com base na ciência que demonstra que reuniões individuais semanais e quinzenais promovem resultados como engajamento, desempenho e retenção de funcionários; a resposta é "não", se abraçarmos a ideia de que a reunião individual lhe permitirá expressar os valores a que você aspira; a resposta é "não", se o bem-estar e o sucesso de sua equipe são importantes para você.

Quero enfatizar que, embora o foco deste livro recaia sobre as reuniões individuais entre gestores e subordinados, grande parte do que foi discutido tem relevância para outros tipos de reunião individual — com colegas, clientes ou fornecedores, por exemplo. Certas atitudes transcendem qualquer relacionamento, como ajudar os funcionários a se sentirem vistos e ouvidos, abordar suas necessidades pessoais e práticas, desenvolver a confiança e o respeito aos compromissos entre o grupo. Concluo o livro com uma citação budista: "O valor da vida não se baseia em quanto tempo vivemos, mas no quanto contribuímos com os demais em nossa sociedade". A reunião individual nos permite contribuir com as pessoas, as equipes e as organizações de forma profunda e significativa. E, ao fazê-lo, podemos nos olhar no espelho sabendo que cumprimos nosso modesto papel no engrandecimento dos indivíduos e no enaltecimento da condição humana em relação ao trabalho.

PONTOS PRINCIPAIS

- **A reunião individual encarna seus valores.** Nossos comportamentos sinalizam nossos valores, nossos valores informam os outros do que é importante para nós. As reuniões individuais são uma maneira crucial para você apoiar seus subordinados, demonstrar suas habilidades de liderança e melhorar resultados fundamentais para sua equipe e sua organização. Espero que este livro o convença disso e seja útil para você realizar suas próprias reuniões individuais efetivas daqui para a frente.

FERRAMENTAS

Duas ferramentas são compartilhadas aqui:

1. Checklist de boas práticas para reuniões individuais indiretas
2. Criando um sistema de reuniões individuais para toda a organização — sugestão de processo

CHECKLIST DE BOAS PRÁTICAS PARA REUNIÕES INDIVIDUAIS INDIRETAS

Este é um checklist para introduzir ou avaliar suas práticas de reunião individual indireta.

ETAPA	DESCRIÇÃO	UTILIZADO?
Informe seus subordinados diretos	Em primeiro lugar, você *deve* informar seu subordinado imediato sobre as reuniões. Explique o propósito delas, especificamente em que consistirão, e responda a eventuais perguntas. Se pular essa etapa, as reuniões com os subordinados indiretos podem sabotar a relação com seus próprios subordinados, além de erodir a confiança.	[ ]
Informe seus subordinados indiretos	Em seguida, repita a mesma conversa com seus subordinados indiretos. Explique que tais reuniões vão ocorrer não porque estejam em apuros, mas para proporcionar a você e a eles um tempo juntos, a fim de desenvolverem seu relacionamento.	[ ]
Crie seu cronograma	Depois de estabelecer as expectativas, crie seu cronograma de reuniões indiretas. Essas reuniões não ocorrem com tanta frequência quanto as reuniões individuais regulares, mas devem ser realizadas com todos os subordinados indiretos. Cuidado para que o cronograma não o sobrecarregue durante a semana.	[ ]
Prepare a pauta da reunião	As pautas das reuniões individuais indiretas são um pouco diferentes daquelas das reuniões individuais regulares. Venha preparado com algumas perguntas gerais para estimular o subordinado a falar. Verifique que assuntos o deixam confortável e procure descobrir o que ambos têm a aprender. Deixe-o à vontade para perguntar o que lhe passar pela cabeça.	[ ]
Desenvolva uma relação de confiança	Há dois níveis separando você de seus subordinados indiretos, o que pode ser intimidador para eles. Tenha consciência dessa relação de poder. Empenhe-se em estabelecer uma conexão. Encontre coisas em comum para reduzir a ansiedade. Isso levará a conversas mais abertas e honestas.	[ ]

ETAPA	DESCRIÇÃO	UTILIZADO?
Interaja efetivamente	Faça perguntas. Escute cuidadosamente. Demonstre empatia. Compartilhe informações e perspectivas. Envolva-se com os assuntos que eles querem conversar. Seja o mais acessível que puder. O segredo aqui é *nunca passar por cima de seu próprio subordinado imediato (gestor deles)*. Sempre pergunte se o subordinado indireto consultou seu gestor e tome o cuidado de não concordar com alguma medida sem que isso tenha sido feito.	[ ]
Elogie seus subordinados indiretos	Elogiar os subordinados indiretos não custa nada para você, mas para eles pode significar muita coisa. Reconheça o ótimo trabalho que fazem quando for o caso. Para ajudar nisso, pergunte a seus subordinados imediatos o que merece ser elogiado e celebrado entre os subordinados deles.	[ ]
Follow-up e aplicação	Depois da reunião, faça um acompanhamento de qualquer coisa que exija follow-up. Encoraje o subordinado indireto a também fazer o follow-up com seu próprio gestor, se necessário. E, caso tenha se comprometido a algo, como enviar informações, não deixe de cumprir sua promessa.	[ ]

CRIANDO UM SISTEMA DE REUNIÕES INDIVIDUAIS PARA TODA A ORGANIZAÇÃO — SUGESTÃO DE PROCESSO

O checklist a seguir o orientará nas etapas necessárias para criar um sistema organizacional abrangente de reuniões individuais. A abordagem é inspirada na pesquisa sobre a implementação bem-sucedida de iniciativas de recursos humanos e gestão de mudanças, junto com os insights extraídos da inovadora abordagem da Cisco para reuniões individuais em toda a empresa. Esse processo pode ser adaptado com base no histórico de mudanças, cultura e necessidades de sua organização.

ETAPAS	CHECAGEM
Identifique o campeão (ou campeões). Identifique o(s) campeão(ões) da alta liderança (por exemplo, diretor de recursos humanos, de operações, presidente da divisão etc.) para representar o sistema.	[ ]
Monte a equipe. Monte uma equipe de implementação composta de integrantes de vários departamentos para detalhar o programa e garantir que o sistema criado se ajuste a diferentes funções e níveis de cargo.	[ ]
Estabeleça a visão. Documente as principais aspirações, metas, alvos e princípios operacionais para o sistema de reunião individual. Ao fazer isso, certifique-se de conectar a abordagem de reunião individual aos valores organizacionais e a outros sistemas de RH para promover a integração e atenuar as percepções de "moda passageira" que novas iniciativas muitas vezes costumam gerar. As metas identificadas aqui também servirão como critérios de avaliação em uma etapa subsequente.	[ ]
Crie detalhes do sistema. Com base no que aprendeu neste livro, decida-se sobre o nível de estruturação do sistema para os líderes. Por exemplo: deverá haver modelos definidos ou os líderes terão autonomia para adaptá-los a seus desejos? Decida também como a tecnologia será ou não utilizada para facilitar o sistema de reuniões individuais: uma abordagem informal valendo-se de modelos e documentos compartilhados on-line ou em papel, ou um sistema mais formalizado em que a tecnologia serve para estruturar o processo, incluindo as sugestões dos integrantes da equipe, a revisão do líder e o planejamento de ações. A Cisco desenvolveu um exemplo excelente de sistema.	[ ]

ETAPAS	CHECAGEM
Comunique-se por múltiplos canais. Informe ativamente e com transparência todos os procedimentos e razões de ser da iniciativa de reunião individual. Aborde as preocupações comuns sobre o início das reuniões individuais por meio do sistema (por exemplo, com uma seção detalhada de "dúvidas frequentes"). Ao mesmo tempo, prepare os líderes individualmente para discutir a iniciativa com suas equipes e responder diretamente às perguntas delas.	[ ]
Forneça treinamento. Ofereça um treinamento abrangente para garantir a compreensão das reuniões individuais e do processo, visão, implementação e expectativas mais amplas do sistema de reunião individual.	[ ]
Implemente o sistema e dê suporte. Promova um evento significativo de lançamento para gerar entusiasmo. Quando o sistema for iniciado e estiver ativo, forneça orientação e suporte aos líderes e integrantes da equipe para garantir que as perguntas e os problemas sejam atendidos.	[ ]
Monitore o progresso. Se você criou um sistema mais formal baseado em tecnologia, monitore seu uso por meio de um painel de controle. Se optou por um sistema mais informal, avalie seu uso e eficácia mediante pesquisas rápidas sobre o andamento ou integrando perguntas de pesquisa ao sistema atual de pesquisa de engajamento.	[ ]
Analise o impacto. Avalie o impacto do sistema sobre os resultados mais importantes para a organização. Por exemplo: seu uso pretendido está correlacionado com o engajamento e a retenção dos funcionários? Os principais critérios avaliados devem ser aqueles identificados na declaração de visão para o sistema. Idealmente, tente coletar dados de avaliação para que os líderes possam receber algum feedback sobre como conduzir as reuniões individuais da forma mais eficaz.	[ ]
Atualize o sistema. Com base na avaliação e nos comentários dos integrantes da equipe e dos líderes, ajuste e altere o sistema de reunião individual conforme necessário a fim de maximizar seu valor. Avalie eventuais mudanças para que o sistema possa continuar sendo aprimorado ao longo do tempo.	[ ]

Agradecimentos

Aqui estamos, um ano e cerca de 52 mil palavras depois. O livro saiu. Meu nome está na capa, mas há uma tonelada de pessoas maravilhosas por trás disso tudo. Primeiro, agradeço à minha agente, Jill Marsal, que constituiu um recurso valioso e uma incrível mentora para mim. Depois, agradeço a Dana Bliss, editora executiva na Oxford. Seu apoio e orientação inabaláveis foram uma dádiva. Dois alunos de doutorado em ciência organizacional, hoje doutores, Liana Kreamer e Jack Flin-chums, deixaram sua marca em todo o livro. Creio que nunca teria conseguido sem vocês, meus parceiros incríveis e brilhantes. Amo vocês dois. Falando em amor, Sandy Rogelberg (minha esposa), Jane Rogelberg (minha mãe), Sasha Rogelberg (minha filha) e sua parceira Laney Myers, Gordon Rogelberg (meu filho), Peter Kahn (meu melhor amigo), Lynn Doran (minha sogra) e Mochi (meu pug), o que posso dizer? Obrigado não é o bastante. Vocês são minhas fortalezas. São minha vida. Acordo todos os dias cheio de amor por todos. Também quero oferecer meu reconhecimento a entes queridos que ajudaram muito a moldar quem sou, mas infelizmente já não estão vivos. Começando por meu pai, Joel. Obrigado por sempre me desafiar, incentivar e amar profundamente. Sinto demais sua falta, falta do seu abraço, de uma refeição compartilhada, de uma risada. E agradeço a meus avós: seu amor incondicional me sustentou e me deu segurança para ser o menino engraçadinho que fui (e que talvez continue a ser). Minha lista de agradecimentos poderia prosseguir indefinidamente. Há tantas pessoas incríveis em minha vida. Elas sabem quem são, pois não pensamos duas vezes antes de expressar nosso amor e apreço. Sou um sujeito afortunado, abençoado e grato.

Notas

PREFÁCIO: VISÃO, ABORDAGEM E CIÊNCIA [pp. 11-6]

1. Disponível em: <https://blog.lucidmeetings.com/blog/how-many-meetings-are-there-per-day-in-2022>.
2. W. Van Eerde e C. Buengeler, "Meetings All Over the World: Structural and Psychological Characteristics of Meetings in Different Countries". In: Joseph A. Allen, Nale Lehmann-Willenbrock e Steven G. Rogelberg (Orgs.), *The Cambridge Handbook of Meeting Science*. Nova York: Cambridge University, 2015, pp. 177-202.
3. Ibid.
4. Disponível em: <https://www.bbc.com/news/magazine-17512040>.

1. PRECISO MESMO REALIZAR REUNIÕES INDIVIDUAIS? [pp. 19-29]

1. Tacy M. Byham e Richard S. Wellins, *Your First Leadership Job: How Catalyst Leaders Bring Out the Best in Others*. Hoboken: John Wiley & Sons, 2015.
2. Disponível em: <https://www.gallup.com/services/182138/state-american-manager.aspx>.
3. Disponível em: <https://hbr.org/2016/12/what-great-managers-do-daily>.
4. Jason J. Dahling et al., "Does Coaching Matter? A Multilevel Model Linking Managerial Coaching Skill and Frequency to Sales Goal Attainment", *Personnel Psychology*, v. 69, n. 4, pp. 863-94, 2016.
5. Disponível em: <https://twitter.com/adammgrant/status/1396808117069963275>.
6. Disponível em: <https://canopy.is/blog/2019/10/10/the-5-mistakes-youre-making-in-your-one-on-one-meetings-with-direct-reports/>.
7. Eva Kahana et al., "Altruism, Helping, and Volunteering: Pathways to Well-Being in Late Life", *Journal of Aging and Health*, v. 25, n. 1, pp. 159-87, 2013. Disponível em: <https://doi.org/10.1177/0898264312469665>.

8. Rodlescia S. Sneed e Sheldon Cohen, "A Prospective Study of Volunteerism and Hypertension Risk in Older Adults", *Psychology and Aging*, v. 28 n. 2, pp. 578-86, 2013. Disponível em: <https://doi.org/10.1037/a0032718>.

2. OS MEMBROS DA EQUIPE FICARÃO APREENSIVOS COM A REUNIÃO INDIVIDUAL? [pp. 30-7]

1. G. Demare, "Communicating: The Key to Establishing Good Working Relationships", *Price Waterhouse Review*, v. 33, pp. 30-7, 1989.
2. Disponível em: <https://en.wikipedia.org/wiki/Chinese_whispers>.

3. POSSO MARCAR REUNIÕES APENAS QUANDO TIVER ALGO A DIZER? [pp. 38-47]

1. Disponível em: <https://hypercontext.com/wp-content/uploads/2019/11/soapbox-state-of-one-on-ones-report.pdf>.

4. COMO AGENDAR REUNIÕES INDIVIDUAIS: NO MESMO DIA, AGRUPADAS OU ESPAÇADAS? [pp. 48-54]

1. Mihaly Csikszentmihalyi, *Beyond Boredom and Anxiety*. San Francisco: Jossey-Bass, 1975.
2. Id., "Flow and Education", *NAMTA Journal*, v. 22, n. 2, pp. 2-35, 1997.
3. Lucia Ceja e José Navarro, "Dynamic Patterns of Flow in the Workplace: Characterizing Within-Individual Variability Using a Complexity Science Approach". *Journal of Organizational Behavior*, v. 32, n. 4, pp. 627-51, 2011.
4. Heather Emerson, "Flow and Occupation: A Review of the Literature", *Canadian Journal of Occupational Therapy*, v. 65, n. 1, pp. 37-44, 1998.
5. Quintus R. Jett e Jennifer M. George, "Work Interrupted: A Closer Look at the Role of Interruptions in Organizational Life", *The Academy of Management Review*, v. 28, n. 3, pp. 494-507, 2003.

5. QUE TAL SAIR PARA UMA CAMINHADA? [pp. 55-64]

1. Steffen Künn, Juan Palacios e Nico Pestel, "Indoor Air Quality and Cognitive Performance", *IZA Discussion Paper*, n. 12 632, 2019.
2. R. Jisung Park et al., "Heat and Learning", *American Economic Journal: Economic Policy*, v. 12, n. 2, 2020, pp. 306-39, 2020.
3. Helena Jahncke et al., "Open-Plan Office Noise: Cognitive Performance and Restoration", *Journal of Environmental Psychology*, v. 31, n. 4, pp. 373-82, 2011.

4. Vanessa Okken, Thomas van Rompay e Ad Pruyn, "Room to Move: On Spatial Constraints and Self-Disclosure During Intimate Conversations". *Environment and Behavior*, v. 45, n. 6, pp. 737-60, 2013.

5. Joan Meyers-Levy e Rui Zhu, "The Influence of Ceiling Height: The Effect of Priming on the Type of Processing that People Use", *Journal of Consumer Research*, v. 34, n. 2, p. 174-86, 2007.

6. Melissa A. Cohen et al., "Meeting Design Characteristics and Attendee Perceptions of Staff/Team Meeting Quality", *Group Dynamics: Theory, Research, and Practice*, v. 15, n. 1, pp. 90-104, 2011. Disponível em: <https://doi.org/ 10.1037/a0021549>.

7. Tommy Shi, "The Use of Color in Marketing: Colors and Their Physiological and Psychological Implications", *Berkeley Scientific Journal*, v. 17, n. 1, p. 16, 2013.

8. Russell Clayton, Christopher Thomas e Jack Smothers, "How to Do Walking Meetings Right", *Harvard Business Review*, 5 ago. 2015. Disponível em: <https://hbr.org/2015/08/how-to-do-walking-meetings-right>.

9. Disponível em: <https://www.sciencedaily.com/releases/2014/06/140612114627.htm>.

6. PERGUNTAR COMO ESTÃO AS COISAS BASTA? [pp. 65-77]

1. Disponível em: <https://sloanreview.mit.edu/article/leading-remotely-requires-new-communication-strategies/>.

7. REUNIÕES INDIVIDUAIS PRECISAM DE PAUTA? [pp. 78-94]

1. Garry Ridge e Ken Blanchard, *Helping People Win at Work: A Business Philosophy Called "Don't Mark My Paper, Help Me Get an A"*. Upper Saddle River: Pearson, 2009.

8. EXISTE UM MODELO GERAL PARA CONDUZIR REUNIÕES INDIVIDUAIS? [pp. 111-9]

1. Tacy M. Byham e Richard S Wellins, *Your First Leadership Job: How Catalyst Leaders Bring Out the Best in Others*. Hoboken: John Wiley & Sons, 2015.

2. Timothy A. Judge, Ronald F. Piccolo e Remus Ilies, "The Forgotten Ones? The Validity of Consideration and Initiating Structure in Leadership Research", *Journal of Applied Psychology*, v. 89, n. 1, pp. 36-51, 2004.

3. Joseph Folkman, "The Best Gift Leaders Can Give: Honest Feedback", *Forbes*. Disponível em: <https://www.forbes.com/sites/joefolkman/2013/12/19/the-best-gift-leaders-can-give-honest-feedback/?sh=551c3b194c2b>.

9. O QUE FAZER PARA ATENDER ÀS NECESSIDADES PESSOAIS DE UM FUNCIONÁRIO? [pp. 120-32]

1. Alexander Newman, Ross Donohue e Nathan Eva, "Psychological Safety: A Systematic Review of the Literature", *Human Resource Management Review*, v. 27, n. 3, pp. 521-35, 2017.
2. Dotan R. Castro et al., "Mere Listening Effect on Creativity and the Mediating Role of Psychological Safety", *Psychology of Aesthetics, Creativity, and the Arts*, v. 12, n. 4, p. 489, 2018.
3. Jack Zenger e Joseph Folkman, "Your Employees Want the Negative Feedback You Hate to Give", *Harvard Business Review*, 15 jan. 2014. Disponível em: <https://hbr.org/2014/01/your-employees-want-the-negative-feedback-you-hate-to-give>.
4. Cynthia D. Fisher, "Transmission of Positive and Negative Feedback to Subordinates: A Laboratory Investigation", *Journal of Applied Psychology*, v. 64, n. 5, pp. 533-40, 1979.
5. Jack Zenger e Joseph Folkman, op. cit.
6. Charles F. Bond Jr. e Evan L. Anderson, "The Reluctance to Transmit Bad News: Private Discomfort or Public Display?", *Journal of Experimental Social Psychology*, v. 23, n. 2, pp. 176-87, 1987.
7. Amy Minnikin, James W. Beck e Winny Shen, "Why Do You Ask? The Effects of Perceived Motives on the Effort That Managers Allocate Toward Delivering Feedback", *Journal of Business and Psychology*, pp. 1-18, 2021.
8. Jack Zenger e Joseph Folkman, op. cit.
9. Disponível em: <https://marshallgoldsmith.com/articles/teaching-leaders-what-to-stop/>.
10. Disponível em: <https://www.glassdoor.com/blog/employers-to-retain-half-of-their-employees-longer-if-bosses-showed-more-appreciation-glassdoor-survey/>.
11. James H. Fowler e Nicholas A. Christakis, "Cooperative Behavior Cascades in Human Social Networks", *PNAS*, v. 107, n. 12, pp. 5334-8, 2010.
12. Elizabeth B. Raposa, Holly B. Laws e Emily B. Ansell, "Prosocial Behavior Mitigates the Negative Effects of Stress in Everyday Life", *Clinical Psychological Science*, v. 4, n. 4, pp. 691-8, 2016.
13. Eric S. Kim et al., "Volunteering and Subsequent Health and Well-being in Older Adults: An Outcome-wide Longitudinal Approach", *American Journal of Preventive Medicine*, v. 59, n. 2, pp. 176-86, 2020.
14. Jeffrey A. Burr, Jane Tavares e Jan E. Mutchler, "Volunteering and Hypertension Risk in Later Life", *Journal of Aging and Health*, v. 23, n. 1, pp. 24-51, 2011.
15. Yu Niiya, "Does a Favor Request Increase Liking Toward the Requester?", *The Journal of Social Psychology*, v. 156, n. 2, pp. 211-21, 2015.

10. COMO COMEÇAR E COMO TERMINAR UMA REUNIÃO INDIVIDUAL — E O QUE FAZER ENTRE UMA COISA E OUTRA? [pp. 133-44]

1. Roberto Rosenthal e Elisha Y. Babad, "Pygmalion in the Gymnasium", *Educational Leadership*, v. 43, n. 1, pp. 36-9, 1985.

2. Daniel Kahneman et al., "When More Pain is Preferred to Less: Adding a Better End", *Psychological Science*, v. 4, n. 6, 1993, pp. 401-5.

11. O QUE SE ESPERA DO SUBORDINADO EM UMA REUNIÃO INDIVIDUAL? [pp. 145-63]

1. John Baldoni, *Lead Your Boss: The Subtle Art of Managing Up*. Amacom: Nova York, 2010.
2. Arie Nadler, "Personality and Help Seeking". In: Gregory R. Pierce et al. (Orgs.), *Sourcebook of Social Support and Personality*. Springer: Boston, 199, pp. 379-407.
3. Dvora Geller e Peter A Bamberger, "The Impact of Help Seeking on Individual Task Performance: The Moderating Effect of Help Seekers' Logics of Action", *Journal of Applied Psychology*, v. 97, n. 2, p. 487, 2012.
4. Disponível em: <https://marshallgoldsmith.com/articles/try-feedforward-instead-feedback/>.

12. A REUNIÃO ACABOU, E AGORA? [pp. 167-74]

1. Teresa M. Amabile e Steve J. Kramer. *The Progress Principle: Using Small Wins to Ignite Joy, Engagement, and Creativity at Work*. Harvard Business Press, 2011.
2. Disponível em: <https://marshallgoldsmith.com/articles/questions-that-make-a-difference-the-daily-question-process/>.
3. Disponível em: <https://dialoguereview.com/six-daily-questions-winning-leaders/>.

13. A REUNIÃO FUNCIONOU? [pp. 175-85]

1. David G. Myers, *The Inflated Self*. Nova York: Seabury, 1980.

15. O QUE FAZER QUANDO FICAMOS ATOLADOS EM REUNIÕES? [pp. 202-12]

1. C. Northcote Parkinson e Robert C. Osborn, *Parkinson's Law, and Other Studies in Administration*, v. 24. Boston: Houghton Mifflin, 1957. Ver também: <https://www.economist.com/news/1955/11/19/parkinsons-law>.
2. Steven J. Karau e Janice R. Kelly, "The Effects of Time Scarcity and Time Abundance on Group Performance Quality and Interaction Process", *Journal of Experimental Social Psychology*, v. 28, n. 6, pp. 542-71, 1992.
3. Tommy Nichols e A. Simms, "Social Loafing: A Review of The Literature", *Journal of Management*, v. 15, n. 1, pp. 58-67, 2014.
4. Caroline Aubé, Vincent Rousseau e Sébastien Tremblay, "Team Size and Quality of Group Experience: The More the Merrier?", *Group Dynamics: Theory, Research, and Practice*, v. 15, n. 4, p. 357, 2011.

5. Jeremy N. Bailenson, "Nonverbal Overload: A Theoretical Argument for the Causes of Zoom Fatigue", *Technology, Mind, and Behavior*, v. 2, n. 1, 2021.

6. Sigal G. Barsade, Constantinos G. V. Coutifaris e Julianna Pillemer, "Emotional Contagion in Organizational Life", *Research in Organizational Behavior*, v. 38, pp. 137-51, 2018.

7. Matthew J. Grawitch et al., "Promoting Creativity in Temporary Problem-Solving Groups: The Effects of Positive Mood and Autonomy in Problem Definition on Idea-Generating Performance", *Group Dynamics: Theory, Research, and Practice*, v. 7, n. 3, pp. 200-13, 2003.

8. Peter A. Heslin, "Better than Brainstorming? Potential Contextual Boundary Conditions to Brainwriting for Idea Generation in Organizations", *Journal of Occupational and Organizational Psychology*, v. 82, n. 1, pp. 129-45, 2009.

Índice remissivo

Pensando nos usuários digitais, os termos indexados que abrangem duas páginas (por exemplo, 52-3) podem, ocasionalmente, aparecer em apenas uma delas.

Caixas de texto estão indicadas por b (de boxe) após o número da página.

abordagem da listagem para pautas, 80-4, 93; itens centrais, 84; papel de ambas as partes, 83; papel do gestor, 82; papel do subordinado, 81

abordagem de agendamento espaçado, 49-50

abordagem de agrupamento para o agendamento, 49-50

abordagem de feedforward, 9-10, 118, 152-3

abordagem de intervalo natural para agendamento, 49-50, 53

abordagem de minutos dedicados, 86-7

abordagem de questões centrais para as pautas, 84-5, 93-4; compartilhamento de lista de tópicos, 84; discussão de questões, 84; exemplos de perguntas, 84

abordagem de reuniões dedicadas, 87

abordagem do modelo, 84, 87-8

Adams, John Quincy, 189

agendamento das reuniões individuais, 48-54; abordagem de agrupamento, 49-50; abordagem de pausa natural, 48-50, 53; abordagem espaçada, 49-50; aplicativos e recursos para, 51; cancelamento, 52, 54; conceito de estados de flow, 48-9; datas fixas, 50; escolha, 50, 53; micropausas, 49-50, 53; reuniões individuais indiretas, 195-6; tudo no mesmo dia, 52b, 53

ambiente remoto e funcionários, 43, 67, 99, 102; *ver também* reuniões virtuais

Angelou, Maya, 145

anotações: após as reuniões, 92; avaliação dos subordinados sobre gestores que fazem anotações, 170b; caneta e papel, 115; estágio final, 141-2; importância de, 115; locais de reunião e, 57; processo de reunião individual integrado, 115, 119; resumos pós-reunião, 168-9; reuniões ao ar livre, 59

aplicação *ver* compromissos e aplicação do que foi combinado

apreço *ver* reconhecimento, apreço, gratidão e elogio

armadilha da atualização de status e prevenção, 85-88, 93; abordagem de minutos dedicados, 86-7; abordagem do modelo, 87-8; abordagem de reuniões dedicadas, 87; definição, 85

Austen, Jane, 213

Baldoni, John, 149

Blanchard, Ken, 90

busca de ajuda, 35, 150-1; autônomo *versus* dependente, 150; vulnerabilidade, 131

busca autônoma de ajuda, 150

busca dependente de ajuda, 150

Byham, Tacy, 112

cancelando reuniões individuais, 34, 52, 54

checklists: checklist de preparação para facilitação individual, 160-1; criação de um sistema de reuniões individuais para toda a organização, 220-1; dar feedback eficaz e determinar responsabilidades, 182; erros comuns em reuniões individuais, 101; melhores práticas para reuniões individuais indiretas, 218; receber e implementar efetivamente o feedback, 184

Churchill, Winston, 125

comportamento defensivo: abordagem do feedforward, 153; abordagem focada no comportamento, 127; defendendo ideias sem ficar na defensiva, 149

comportamentos de consideração (orientados para o relacionamento), 113

comportamentos de estruturação inicial (orientados para tarefas), 113

comportamentos de interrupção, 125

compromissos e aplicação do que ficou combinado: abordagem de perguntas diárias, 171; ação motivadora, 172-3; ações focadas na pessoa, 171-2; clareza, 141, 168-9; consequências de quebra dos compromissos, 170; desculpando-se por quebrar compromissos, 172b; expressando apreço e gratidão, 173; parceiros de responsabilidade, 170-1; razões para falta de, 167-8; responsabilização, 172b; reuniões individuais indiretas, 199

compromissos e aplicação do que ficou combinado, 167-74

comunicação: assíncrona, 42b, 44, 52, 88, 209; autêntica e transparente, 121, 123-9; comportamentos associados à comunicação excelente, 148-9; comunicação e formulação das reuniões individuais, 30-2, 36-7; informal, 33; não verbal, 61; organizacional, 73; *ver também* feedback; questões

confiança, 24, 26; necessidades pessoais, 112; planos de frequência e, 44b; reuniões individuais indiretas, 192; vulnerabilidade, 131; *ver também* construção de relação de confiança e relacionamento

construção de uma relação de confiança e de relacionamento, 26, 36, 215; armadilha da atualização de status, 85; expressando gratidão, 154; feedback, 155; item inicial na pauta, 79; maximizando o valor e os resultados positivos, 147; questões de construção de relacionamento, 68-9, 76-7; como resultado de reuniões individuais, 26; reuniões individuais indiretas, 191, 192, 196b, 197; vulnerabilidade, 131-2

cor, 55-6

crescimento e desenvolvimento dos funcionários: como resultado de reuniões individuais, 27; questões de desenvolvimento, crescimento e carreira, 68, 74-5, 77

Csikszentmihalyi, Mihaly, 48

curiosidade, 35, 146-7

diversidade e inclusão: convidando gente demais, 210b; práticas durante a reunião, 208-9; práticas pré-reunião, 205-7; como resultado de reuniões individuais, 26, 29

Dorsey, Jack, 58

efeito de mera exposição (efeito de propinquidade), 40

efeito Franklin, 131

efeito Pigmalião (efeito Rosenthal), 134

elogios *ver* reconhecimento, apreço, gratidão e elogios

empatia: ações focadas nas pessoas, 171-2; escutar e reagir com, 121-3; follow-up, 173

engajamento: ativo, 35, 122, 148; dos funcionários como resultado de reuniões individuais, 25; reuniões ao ar livre, 58-9

Epiteto, 122

erro fundamental de atribuição, 28

escala de classificação de dez pontos, 66

escuta: ativa, 122; com empatia, 121-3; distrações internas, 122; ótima comunicação, 148-9

estágio central ver estágio do núcleo/âmago

estágio de pré-início, 114, 116, 133-4, 144; mentalidade, 134; necessidade do, 133

estágio do início, 114, 116, 133-4, 144

estágio do núcleo/âmago, 114, 116, 133, 135-41, 144; fase de elaboração das próximas etapas, 139; fase de esclarecimento e compreensão, 136-7; fase de expressão, 136; fase de solução, 137-39; monitoramento da pauta, 140-1

estágio final, 115, 133, 141, 144; agradecimentos e elogios, 142; anotações, 141-2; importância do fim da experiência, 141-2; terminando no horário, 141

experimentos de cadeia de transmissão, 30-1

fase de elaboração dos próximos passos, 139

fase de esclarecimento e compreensão, 136-7

fase de expressão, 136

fase de solução, 136-39; ver também resolução de problemas

feedback, 9; abordagem do feedforward, 9-10, 118, 151-3; carga cognitiva, 127; checklist para dar feedback de forma eficaz e apurar responsabilidades, 182; checklist para receber e agir de forma eficaz com base no feedback, 184; comportamentos de interrupção, 125; comunicação autêntica e transparente, 123-5; comunicação organizacional, 73; declarações com "eu", 127; equilíbrio entre feedback positivo construtivo e feedback negativo construtivo, 126; feedback focado no comportamento, 126-7; fornecendo, 73, 155, 182; gestores, 39-46, 68, 73-4, 77, 116-8, 119;

imediato versus atrasado, 128; pedindo, 116-8, 119, 151-3, 184; preparando-se para fornecer, 156; recebendo, 184; receber bem, 154; receber feedback sobre desempenho gerencial, 73-4; receber feedback sobre a empresa/ equipe, 74; receber feedback sobre reuniões, 74; relutância em dar feedback, 123-4; respeitoso, atencioso e construtivo, 156-7; subordinados, 154, 155-8

feedforward, abordagem de, 153

ferramentas: checklist das melhores práticas para reuniões individuais indiretas, 218-21; checklist de facilitação para reuniões individuais, 160-1; checklist para fornecer feedback eficaz e determinar as responsabilidades nas reuniões individuais, 182; checklist para receber e implementar de maneira eficaz com base no feedback em reuniões individuais, 184; criando um sistema para toda a organização para reuniões individuais — processo sugerido, 220-1; erros comuns em questões de reuniões individuais, 101; modelo de pauta, 104; modelo de pauta com complementos, 106; questionário para determinar a frequência de suas reuniões individuais, 86-7; questionário para determinar suas habilidades gerais em reuniões individuais, 96-8; questões de reuniões individuais especiais para trabalhadores remotos, 102; teste de verdadeiro/falso em habilidades para lidar com emoções negativas em reuniões individuais, 162-3

Flinchum, Jack, 14, 170b

flow, conceito de estados de, 48-9

fofoca, 128-9

FOMO (medo de ficar de fora), 206

Ford, Harrison, 65

Franklin, Benjamim, 131, 133

frequência: quinzenal, 40; semanal, 40, 42, 46b; trimestral, 41

Gallup, 25

gentileza, 121, 130

gestores ver líderes e gestores

Goldsmith, Marshall, 9-10, 125, 152, 171

Grant, Adam, 26-7

gratidão *ver* reconhecimento, apreço, gratidão e elogios

Grove, Andy, 78, 142

grupos geracionais, 124b

Harvard Business Review, 25

iluminação, 55

ilusões de ótica, 175-7

iniciando itens da agenda: follow-up da última reunião, 79-80; reconhecimento, apreço e gratidão, 80; verificação pessoal, 79-80

iniciando itens da pauta, 79-80

integrantes da equipe *ver* subordinados diretos e integrantes da equipe

Jobs, Steve, 58

jogo do telefone sem fio, 31

Kahneman, Daniel, 141

Keith, Elise, 11

King, Martin Luther, Jr., 30

Kreamer, Liana, 49

Lei de Parkinson, 204

líderes e gestores: abordagens diferentes para a reunião individual, 21b; agendando reuniões individuais, 50; autoavaliações infladas relativas à reunião individual, 12; cancelando reuniões individuais, 34, 52-4; comportamentos para promover a satisfação de necessidades pessoais, 120-32; comunicação e estruturação da reunião individual, 30-2, 36-7; comunicação informal *versus* reuniões individuais, 33; evitando promessas excessivas, 70b; expectativas, 35; falta de orientação significativa nas reuniões individuais, 12; feedback, 73-4, 116-18; ficando confortável com o silêncio, 139b; iniciativa de longo prazo, 35; necessidade de reuniões individuais, 36; pautas, 32, 78-9, 81-4; perguntas a serem feitas durante reuniões in-

dividuais, 66-7; por que começar reuniões individuais agora, 35; preferências de local de reunião, 60; privacidade, 36; processo de avaliação de desempenho, 22-3, 34; reações negativas à avaliação de desempenho, 23; respeitando limites, 76; respondendo a questões comuns dos integrantes da equipe, 32-6, 37; resultados de reuniões individuais, 25-7; reuniões ao ar livre, 58; reuniões de equipe *versus* reuniões individuais, 33; reuniões individuais como responsabilidade central da liderança, 20, 29; tempo de serviço e frequência de reuniões, 43; variação nas reuniões individuais entre os subordinados, 34-5

locais de reunião, 55-64; efeito do ambiente da reunião, 56, 64; escritório do gestor, 56, 60; espaço de trabalho do subordinado, 56-7, 60; fora do ambiente de trabalho, 57, 60; locais não tradicionais, 56, 57-60, 64; locais tradicionais, 56-7, 60, 64; preferências de, 60-4; reuniões ao ar livre, 58-9, 64; reuniões virtuais, 56, 61-3; salas de reuniões, 57, 60; segurança psicológica, 57, 58b; troca, 63

Lovecraft, H. P., 30

medo de ficar de fora (FOMO), 206

métricas de monitoramento, 88-90, 93; enaltecendo o sucesso, 90; frequência de, 89-90; indo além das métricas, 90; prós e contras de, 88

microgerenciamento, 31-2, 42b; evitando microgerenciamento em perguntas, 71, 75; métricas de monitoramento, 93; reunião individual indireta, 200

micropausas, 49-50, 53

Microsoft Teams, 51

modelo de reunião individual integrado, 111-9, 133-44; abordando e equilibrando as necessidades práticas e pessoais dos subordinados, 112-3, 119; anotações, 115, 119; comportamentos do líder, 113-4, 118; diagrama de, 115; estágio final, 115, 133, 141, 144; estágio do início, 114, 116, 133-4, 144; estágio de núcleo/âmago, 114, 116, 133, 135-41, 144; estágio de pré-início, 114, 133-4, 144; etapas operacionais, 114; porcentagem de tempo que o subordinado deve falar durante a reunião, 111; solicitação de feedback, 116-8, 119

Myers, David, 176

necessidades pessoais, 21, 168, 215-6; abordar e equilibrar com necessidades práticas, 112-3, 118; avaliando o sucesso da reunião individual, 178; comportamentos envolvidos em satisfazer as, 120-32; comunicar-se de forma autêntica e transparente, 121, 123-9; demonstrando vulnerabilidade apropriada, 121, 131-2; envolvendo os subordinados, 121, 129; escutando e respondendo com empatia, 121-3; sendo gentil e solidário, 121, 130

necessidades práticas, 21, 112-3, 118, 120, 215

Obama, Barack, 58

pautas, 78-94; abordagem da listagem, 80-4, 93; abordagem da questão central, 84-5, 93; adaptabilidade, 91-2; ajustes com base em outras reuniões individuais, 91; ajustes para diferentes subordinados, 91; anotações, 92; apoiando-se nas necessidades do subordinado, 92; armadilha da atualização de status e prevenção, 85-88, 93; coerência e continuidade, 91; compartilhamento antecipado, 83; conclusão, 91; criador de, 78-9, 93; estrutura e frequência, 92; focando no subordinado, 91; itens iniciais, 79-80; mantendo a leveza das reuniões individuais, 92; métricas de acompanhamento, 88-90, 93; modelo de pauta, 104; modelo de pauta com complementos, 106; monitoramento, 140-1; reuniões individuais indiretas, 196-7; tentando abordagens diferentes, 91; utilidade de, 78-9, 93

pé-direito, 55

perguntas sobre a situação do subordinado, 68, 71, 77; evitando microgerenciamento, 71; exemplos de, 71

planos de frequência: avaliação e recalibração, 46, 47; confiança, 44b; configuração presencial, 43, 99; considerações, 42-4, 46; duração de reuniões, 46b; experiência/tempo de serviço do integrante da equipe, 43, 99; flexibilidade, 40; frequências desejadas, 41; frequências normativas, 41; mensal, 40, 45-6; preferência do integrante da equipe, 43, 99; prevenindo preconceitos, 39-40; quinzenal, 40; reuniões semanais de equipe, 44, 99; semanal, 40, 42, 46b; tamanho da equipe, 44, 99; tempo de serviço do gestor, 43, 99; trabalhador remoto, 43, 99; trimestral, 41; uso de tecnologia assíncrona, 44, 99

processo de avaliação de desempenho: necessidade, 22; reuniões individuais como complemento, 23; reuniões individuais *versus*, 22; sentimentos negativos em relação ao, 22

qualidade do ar, 55

questionários: frequência de reunião, 43, 82; habilidades de reunião, 21, 81; habilidades para lidar com emoções negativas, 141, 156-63

questões, 65-77; checklist de erros comuns, 75, 101; descoberta por tentativa e erro, 76; desenvolvimento, crescimento e carreira *ver* questões de desenvolvimento, crescimento e carreira; escuta ativa, 122; frequência de, 76; melhores, 66; mesma questão feita pelo gestor/subordinado, 67; questões comuns dos subordinados, 32-6, 37; questões de construção de relacionamento, 68-9, 77; questões de engajamento, 68-70, 77; questões específicas do contexto, 76; questões de produtividade/desafio, 68, 71-2, 77; questões de verificação pessoal, 68, 71, 77; relacionadas ao feedback, 68, 73-4, 77; respeito de limites, 76; rodízio, 67, 77; sinceridade e interesse genuíno, 76; trabalhadores remotos, 67, 102; variações do "Como vai?", 66, 77

questões de desenvolvimento, crescimento e carreira, 69, 74-5, 77; especificidade, 75; exemplos de, 75 questões de engajamento, 68-70, 77; evitando promessas excessivas, 70b; retenção de funcionários, 70; tarefas do dia a dia, 70

questões de produtividade/desafio, 68, 71-2, 77; barreiras, obstáculos e preocupações, 72; percepções da equipe, 72; subordinados dos subordinados, 72

reconhecimento, apreço, gratidão e elogio: começando as reuniões com, 80, 134, 207; cumprindo compromissos e pondo em prática, 173; encerrando reuniões com, 91, 142; especificidade, 124-5; expressando gratidão, 80; falha em mostrar, 125; feedback, 117, 149, 156; maximizando o valor e os resultados positivos, 154; ouvir com empatia, 123; reforçando comportamentos, 22; reunião individual indireta, 198; valor de, 126

resolução de problemas: aceitando a ideia do subordinado para uma solução, 138-9; colaborativa, 139; equilíbrio com construção de relacionamento, 13; fase de solução, 136, 138-9; maximizando valor e resultados positivos, 149-50

resumos pós-reunião, 168-9

reunião presencial, 43, 61-2, 99

reuniões ao ar livre, 58-9, 64; anotações, 59; benefícios para a saúde, 58; clima, 59; desafios físicos, 59; distrações, 59; foco e criatividade, 58; preferências para, 60; sentimento colaborativo, 58-9

reuniões dinâmicas, 202-12; administrando o tamanho da reunião, 206-7; agendando reuniões convocadas por outros, 209-10b; discussão da duração das reuniões, 204; discussão de quando ou se a reunião deve ser realizada, 203-4; diversificação de abordagens, 208-9; estratégias organizacionais, 210-2; facilitação ativa, 207-8; pautas, 205-6; práticas durante a reunião, 207-9; práticas pré-reunião, 205-7; reduzindo o tempo desperdiçado, 202-4, 212; terminando no horário, 209; vídeo em reuniões virtuais, 207

reuniões individuais indiretas, 189-201; agendamento, 195-6; checklist das melhores práticas, 218-9; definição, 15; elogiando seus subordinados indiretos, 198; etapas de implementação, 193-9; follow-up e aplicação do combinado, 199; grupos, 196b; informando os subordinados indiretos, 195; informando seus subordinados, 194; interagindo de forma eficaz, 198; metas de, 192-3; não sabote seus subordinados diretos, 199, 201; opiniões sobre o valor de, 190; pautas, 196-7; razões para falta de interesse em, 190-1; razões para se interessar por, 191; relação de confiança, 197

reuniões semanais de equipe, 44

reuniões virtuais, 62-3; melhores práticas, 63; mescla entre reuniões virtuais e presenciais, 63; preferências de, 61-2; videoconferências, 207

Ridge, Garry, 90

Rodriguez, David, 11

Roosevelt, Franklin, 189

ruído, 55, 57

satisfação de vida, 27

segurança psicológica, 57, 58b, 63, 93, 120, 132, 134

silêncio, 139b, 208-9

sistema do semáforo, 66

SMART, abordagem, 140

Soapbox, 41

subordinados diretos e integrantes da equipe: agendamento de reuniões individuais, 50; apoiando-se nas necessidades de, 92; avaliando o sucesso da reunião individual, 178-80; busca de ajuda, 150-1; cancelando reuniões individuais, 34, 52, 54; comportamentos envolvidos na maximização de valor e resultados positivos, 145-55, 157; comunicação informal *versus* reuniões individuais, 33; comunicando e estruturando as reuniões individuais, 30-2, 36-7; comunicando-se bem, 148-9; concordando com a ideia deles para uma solução, 138-9; conexão, 147; curiosidade, 146-7; engajamento ativo, 148; envolvimento, 121, 129; expectativas, 35; feedback, 73, 151-4; como foco nas reuniões individuais, 91; frequência, 41, 43; gratidão, 154-5; iniciativa de longo prazo, 35; modelo de reunião individual integrado, 134, 136-41, 142; necessidade de reuniões individuais, 36; necessidades pessoais, 21, 112, 113, 118, 120-32; necessidades práticas, 21, 112, 113, 118; pautas de reunião, 32, 78-9, 83-5, 91-2; perguntas a serem feitas durante reuniões individuais, 66-7; perguntas comuns de, 32-7; por que começar a usar reuniões individuais agora, 35; porcentagem de tempo que o subordinado deve falar durante a reunião, 111; preferências de local da reunião, 59, 60-4; privacidade, 36; processo de avaliação de desempenho, 22-3, 34; reações negativas à avaliação de desempenho, 22; reações negativas às reuniões individuais, 12; resolução de problemas, 149-50; resultados de reuniões individuais, 24-7; reunindo-se no espaço de trabalho do subordinado, 57, 60; reuniões de equipe *versus* reuniões individuais, 33; reuniões individuais indiretas, 193-5, 199-200; sabendo o que você precisa, 146; saída, 128b; segurança psicológica, 58b; subordinados dos subordinados, 72; variação em reuniões individuais entre, 34-5

tamanho do ambiente, 55
temperatura, 55
Tomlin, Lily, 122
transparência, 121, 123-9

valores, 213-6; aspiracionais, 213; organizacionais, 31-2, 214; vinculando reuniões individuais a valores mais amplos, 31-2
vieses: efeito de propinquidade, 40; erro fundamental de atribuição, 28; viés de atração por similaridade, 39; viés de confirmação, 146-7; viés de curto prazo, 45-6, 82; viés de distorção, 28; viés de eficácia positiva inflada, 12, 176-8, 179
vulnerabilidade: compartilhando sentimentos, 131; demonstrando adequadamente, 121, 131-2; pedindo ajuda, 131

Welch, Jack, 27
Wooden, John, 126

Zuckerberg, Mark, 58

ESTA OBRA FOI COMPOSTA POR OSMANE GARCIA FILHO EM INES LIGHT
E IMPRESSA EM OFSETE PELA GRÁFICA SANTA MARTA SOBRE PAPEL PÓLEN NATURAL
DA SUZANO S.A. PARA A EDITORA SCHWARCZ EM JANEIRO DE 2025

A marca FSC® é a garantia de que a madeira utilizada na fabricação do papel deste livro provém de florestas que foram gerenciadas de maneira ambientalmente correta, socialmente justa e economicamente viável, além de outras fontes de origem controlada.